Ines Tablon

Dann ist das nicht mein Land

Argumente für besonnene Bürger

Bibliografische Information der Deutschen Nationalbibliothek:
Die Deutsche Nationalbibliothek verzeichnet diese Publikation
in der Deutschen Nationalbibliografie; detaillierte bibliografische
Daten sind im Internet über http://dnb.dnb.de abrufbar.

© 2016 Ines Tablon
Herstellung und Verlag:
BoD – Books on Demand, Norderstedt

ISBN: 978-3-734-75774-7

*„Und ehrlich, wir haben eine faszinierende Heimat,
von der Nordsee und Ostsee angefangen,
bis an die Berge der Alpen,
vom Rhein über die Elbe bis an die Oder
bietet dieses Land bezaubernde Regionen,
hier leben wundervolle Menschen,
fleißig, ehrlich, hilfsbereit und sozial engagiert.
Wir haben jeden Grund stolz auf uns zu sein!"*

Vorwort

Während einer gemeinsamen Pressekonferenz mit dem von seinem Amt zurückgetretenen österreichischen Kanzler Werner Faymann und der deutschen Bundeskanzlerin erklärte Angela Merkel zur Verteidigung ihrer Entscheidung, die Grenzen für Flüchtlinge zu öffnen: *„Ich muss ganz ehrlich sagen, wenn wir jetzt anfangen, uns noch entschuldigen zu müssen dafür, dass wir in Notsituationen ein freundliches Gesicht zeigen, dann ist das nicht mein Land."* [1]
Sie sagte „mein Land" und daraufhin stellte ich mir die Frage, was denn Angela Merkel unter ihrem Land versteht. Was verstehe ich persönlich unter *„meinem Land"*? Ist Deutschland überhaupt *„mein Land"*?
Es ist das Land, in dem ich geboren und aufgewachsen bin, in dem ich seit Jahrzehnten lebe, gewissenhaft meiner täglichen Arbeit nachgehe und zuverlässig meine Steuern zahle. Obwohl es mir grundsätzlich nicht schlecht geht, bin ich höchst unzufrieden und das geht mir nicht alleine so.
Schon längere Zeit beobachte ich, dass der Unmut vieler Bürger wächst und das nicht erst, seitdem hunderttausende Flüchtlinge über die deutschen Grenzen strömen.
Bislang habe ich mich wenig für Politik interessiert. Wahlen, vor allem auf kommunaler oder Landesebene fanden kaum meine Beachtung, Wahlen zum Europaparlament ignorierte ich vollkommen. Ab und zu ging ich zur Bundestagswahl, um eine kleinere Partei zu wählen und ihr damit etwas Stimme in der Opposition zu verschaffen bzw. meinen Protest zum Ausdruck zu bringen. Protest, aber wogegen eigentlich? Mit den etablierten Parteien kann ich schon lange nichts mehr anfangen. Mein Vertrauen in die Politik hat Jahr für Jahr immer mehr abgenommen.
Meine Einstellung, dass „DIE DA OBEN" sowieso machen, was sie wollen, hat sich zwar immer mehr verfestigt, musste aber auch eine Ursache haben. Ich begann mir ernsthafte Gedanken um mein bzw. unser Land zu machen.
Der Satz: *„Ich bin stolz, ein Deutscher zu sein!"*, geht wohl den wenigsten von uns so einfach über die Lippen. Dank erfolgreicher Erziehungsarbeit in der Schule und jahrzehntelanger kollektiver Schuld-

zuweisung durch Politik und Medien an den Gräueln des Zweiten Weltkrieges hat diese Aussage heute einen fahlen Beigeschmack.
Unsere Nation hat besonders während des Hitlerregimes viel Leid und Elend über Europa und die Welt gebracht. Das habe ich niemals hinterfragt und angezweifelt. Mehr als 70 Jahre nach dem Ende des Krieges interessiert mich nun ernsthaft, wo unser Land in der Zwischenzeit steht. Von Punkt Null im Jahre 1945 haben wir uns zwischenzeitlich laut Meldung verschiedenster Tageszeitungen auf Rang vier der stärksten Industrienationen der Welt nach oben gearbeitet. Das ist dem Fleiß der Bürger unserer Republik, vor allem aber den Nachkriegsgenerationen zu verdanken. Die heutigen Steuereinnahmen sprudeln in nie dagewesenem Maße.
Wenn ich aber durch die Straßen unseres Landes gehe, wenn ich mit wachem Verstand auf das achte, was die Menschen reden, worüber in diesen Zeiten heiß diskutiert wird, wenn ich die Schlangen vor den Tafeln sehe, wenn ich aufmerksam die Nachrichten in Fernsehen und Zeitungen verfolge und mit der Realität im täglichen Leben vergleiche, dann passt das alles nicht zusammen. Dann bestätigt sich mein Verdacht, dass die wirtschaftlichen Erfolgsmeldungen im Gegensatz zu der Tatsache stehen, dass viele Menschen in unserem Land Mühe haben ihr tägliches Leben zu meistern.
Der Wohlstand kommt bei einem Teil der Bürger nicht an. Und die Wut der Menschen wächst. Viele Diskussionen im Freundes- und Bekanntenkreis verfolgte ich aufmerksam, alle drehten sich immer wieder um die Themen Europa, Flüchtlinge, Griechenland, Terror, Bankenkrise, Kriminalität, Renten und Steuern. Das sind die wichtigsten Punkte, die den Menschen zunehmend Kopfzerbrechen bereiten. An unseren Politikern, egal welcher Partei sie angehören, lassen viele Bürger kein gutes Haar. Fast jedes dieser Gespräche endete in der Regel mit dem Satz: *„Na ja, wir können ja eh nichts machen!"* Nach jedem Gespräch waren die Menschen noch wütender – und auch mir ging es so. Mit der Erklärung, dass man nichts machen könne, wollte ich mich nicht zufrieden geben. Immer nur meckern und am Ende alle politischen Entscheidungen knurrend hinnehmen, kann auf Dauer nicht die Lösung sein.
Auf der Suche nach Antworten fühlte ich mich oft unzureichend bzw. einseitig informiert. Schaut man regelmäßig die verschiedensten Nachrichtensendungen und verfolgt die Diskussionen in den Polit-

Talkshows oder liest aufmerksam die Tageszeitungen, dann kommt das eher der Belehrung mit dem erhobenen Zeigefinger gegenüber einem dummen Schulkind gleich, als einer sachlichen Information über die Geschehnisse der Innen- und Außenpolitik. Ich denke schon, dass ich als erwachsener, mündiger Bürger durchaus in der Lage bin mir mein eigenes Urteil zu bilden. Ich verlangte nach genaueren Antworten.

Auf der Suche nach für mich akzeptablen Erklärungen widmete ich mich unzähligen Büchern, die die Geschichte, Entwicklung und den heutigen Zustand unseres Landes aus verschiedenen Gesichtspunkten betrachteten und die sozialen Fragen genauer beleuchteten. Viele dieser Bücher sind für den Normalbürger kaum verständlich, sie waren vollgepackt mit unübersichtlichen Statistiken, ich habe sogar Zweifel, dass ein Betriebswirtschaftsstudent versteht, was dort geschrieben steht. Bücher, in denen prophezeit wird, dass der wirtschaftliche Untergang unseres Landes kurz bevorsteht, brachten mich verstärkt zum Grübeln. Um mich selbst zu beruhigen und einen klaren Verstand zu behalten, legte ich diese Bücher wieder zur Seite und ordnete sie den Verschwörungstheoretikern zu.

Weiteren Themen wie der derzeitigen Krise in Europa, aber auch die drängenden Probleme im Zusammenhang mit der Globalisierung und der unsicheren Lage in der gesamten Welt habe ich mich ausführlich gewidmet.

Das Internet ermöglicht uns heute, viel in Erfahrung zu bringen, was in den öffentlichen Medien eher verschwiegen oder ignoriert wird. Hier bin ich auf viele Zweifler und Kritiker getroffen, die sich scheinbar in einer ähnlichen Situation befinden und ihren Unmut über die Zustände in unserer Republik zum Ausdruck bringen.

Erschrocken bin ich zum Teil über die Offenheit, mit der die User in der vermeintlichen Anonymität des Internet diskutieren und ihre Wut über die zunehmende soziale Ungerechtigkeit offen artikulieren.

Auf der Homepage des Bundestages bin ich ebenfalls fündig geworden, denn hier werden alle Plenarprotokolle der Sitzungen veröffentlicht. Viele Niederschriften habe ich aufmerksam gelesen, da mich interessierte, welche Einstellung unsere Politiker zum Thema Europa, zur Einführung des Euro, zur Einwanderung und zu sozialen Fragen in Deutschland während ihrer Debatten vor Jahren hatten, ob sie diese revidiert oder wie sie ihre Forderungen zwischenzeitlich umgesetzt haben.

Ich fing an mich zu ärgern, in erster Linie über mich selbst. Ärgern über meine Untätigkeit viele Jahre, gar Jahrzehnte lang. Dass ich zugesehen habe, wie unsere gewählten Volksvertreter sehr oft Politik nicht für das Volk machen und Gesetze verabschieden, die für die Mehrheit der Bevölkerung negative Auswirkungen haben. Darüber habe auch ich immer nur gemeckert und geschimpft, die Möglichkeiten dagegen einzuschreiten, aber nicht genutzt. Denn wir Bürger können durchaus etwas tun!

Liebe Leserin, lieber Leser, ganz ehrlich, das, was ich da alles mühsam recherchiert habe, machte mich noch wütender. Ich nahm mir immer wieder fest vor, einfach den Fernseher nicht mehr einzuschalten und Tageszeitungen zu ignorieren. Ich habe es keinen Tag geschafft. Im Gegenteil, ich habe noch genauer hingesehen und zugehört. Inzwischen habe ich eingesehen, dass Wut ein schlechter Ratgeber ist. Die Arbeit an diesem Buch hat in mir bewirkt, dass ich in Zukunft nicht mehr tatenlos zusehen werde. Ich fühle mich wie wachgerüttelt und bin zu dem Entschluss gekommen, dass ich nun alle Mittel ausschöpfen werde, die unsere Demokratie bietet, um Missständen auf den Grund zu gehen bzw. vehement dafür einzutreten sie abzustellen.

Ich habe versucht, die für mich wichtigsten Punkte zusammenzufassen und möchte Sie durch die hier vorliegenden Zeilen an meinen Erkenntnissen teilhaben lassen. Bilden Sie sich Ihr eigenes Urteil und treffen auch Sie Ihre Entscheidung!

Unsere Volksvertreter und die deutsche Parteienlandschaft

Schauen wir uns erst einmal die Zusammensetzung des Bundestages nach Parteien und die Sitzverteilung an. Bei der letzten Wahl im Jahr 2013 erreichten die Parteien folgende Ergebnisse:

CDU/CSU	41,5 %	311 Sitze
SPD	25,7 %	193 Sitze
Linke	8,6 %	64 Sitze
Bündnis 90/Grüne	8,4 %	63 Sitze

Erstmals seit Bestehen der Bundesrepublik ist die FDP mit erreichten 4,8 % nicht mehr vertreten. Die AfD verpasste mit knapp 4,7 % den Einzug in den Deutschen Bundestag.[2]
Unser Parlament hat zurzeit 631 Abgeordnete. Ihre Zahl ist in den letzten Jahrzehnten kontinuierlich gestiegen. Durch neue Regelungen wird sie nach der Bundestagswahl 2017 noch weiter zunehmen.[3]
Die Zusammensetzung nach Berufsgruppen wirft viele Fragen auf. Der Anteil der Beamten und Angestellten aus dem öffentlichen Dienst ist unverhältnismäßig hoch. Nachfolgende Aufstellung zeigt die Berufszugehörigkeit unserer Abgeordneten in Prozent zu den Gesamtabgeordneten.

Unselbständige Tätigkeiten

Öffentlicher Dienst	ca. 29,7 %
aus politischen und gesellschaftlichen Organisationen	ca. 17,5 %
Angestellte aus der Wirtschaft	ca. 17,7 %

Selbständige Tätigkeiten

Handwerk/Industrie/Gewerbe, Land- und Forstwirtschaft	ca. 7,6 %
Freie Berufe wie Rechts- und Wirtschaftsberater, steuerberatende Berufe, Ärzte, Journalisten ...	ca. 19,3 %

Sonstiges

Hausfrau/-mann, Auszubildende, Studierende ...	ca. 2,1 %
Sonstiges/keine Angaben	ca. 6,0 %

Interessant sind dabei noch folgende Angaben: 114 Beamte sitzen im Deutschen Bundestag, davon viele Lehrer, 93 Rechtsanwälte bzw. Wirtschafts- und Steuerberater, etliche Abgeordnete entstammen politischen und gesellschaftlichen Organisationen oder waren vorher Mitarbeiter bei anderen Abgeordneten.
Die Arbeiterschaft, also die Menschen, die in Deutschland in der Produktion tätig sind und unseren täglichen Bedarf bzw. die Güter herstellen, die Deutschland zum Exportweltmeister machen und die deutschen Landwirte sind im Bundestag unterdurchschnittlich repräsentiert. Haben die Abgeordneten wirklich eine Ahnung davon, was die täglichen Sorgen und Nöte der Arbeiter, Angestellten und Bauern sind?
Die Statistik aus dem Jahre 2014 auf der Seite des Bundestages zu den Berufen unserer Abgeordneten habe ich sehr aufmerksam studiert. Am Schluss der Übersicht stand, dass 35 Abgeordnete keine *„verwertbaren"* Angaben zu ihrem Beruf gemacht haben.[(4)]
Das wollte ich natürlich genauer wissen, weil das schließlich 5 Prozent der Abgeordneten betrifft. Auf meine E-Mail an den Bundestag, was unter *„verwertbaren"* Angaben zu verstehen sei und um welche Abgeordneten es sich dabei handelt, habe ich KEINE Antwort erhalten. Einige Tage später habe ich festgestellt, dass die Statistik überarbeitet und mit Stand 2015 aktualisiert wurde. Das Wort *„verwertbar"* wurde daraus gestrichen. Jetzt heißt es nur noch *„keine Angaben"* und wurde mit 38 korrigiert. Daraus schließe ich, dass 38 Abgeordnete keine Angaben über ihren Beruf gemacht haben oder machen wollten. Das finde ich sehr befremdlich. Mehr als 6 Prozent der Abgeordneten wollen oder können keine Informationen zu ihrer beruflichen Qualifikation preisgeben. Was haben sie zu verbergen?
Die hohe Anzahl von Beamten im Bundestag resultiert meines Erachtens daher, dass ein Staatsbediensteter nach Beendigung seiner Abgeordnetentätigkeit wesentlich einfacher an seinen alten Arbeitsplatz zurückkehren kann. Mit dieser Absicherung im Rücken ist es unproblematischer eine politische Karriere anzustreben, als dies dem Inhaber eines mittelständischen Unternehmens mit wenigen Angestellten möglich ist, der seinen Betrieb dann vermutlich schließen müsste. Dieser wagt den Schritt ins höchste politische Amt eher selten. Das Engagement des Handwerksmeisters beschränkt sich meist nur auf die kommunale Ebene, z. B. in den Städte- bzw. Gemeinderäten.

Die Zahl der Abgeordneten im Deutschen Bundestag gehört in naher Zukunft unbedingt verringert. Vier- bis fünfhundert Volksvertreter sollten ausreichen. Viele Millionen an Steuergeldern könnten eingespart werden. Die wirkliche Politik wird doch in den Ländern, aber vor allem vor Ort gemacht, hier wird entschieden, welche Schule saniert, welche Brücke neu gebaut und wo neues Bauland ausgewiesen wird.
Auch die Parlamente der einzelnen Bundesländer gehören dringend verkleinert, denn jeder der 13 Landtage sowie das Abgeordnetenhaus in Berlin und die Bremer und Hamburger Bürgerschaft verfügen über einen ähnlich aufgeblähten Apparat, auch hier tummeln sich weitere tausende Abgeordnete, vom Europaparlament, das wir ebenfalls zu großen Teilen finanzieren, ganz zu schweigen.
Schaut man sich die Sitzungen im Bundestag zum Beispiel einmal an, so herrscht auf den Plätzen häufig gähnende Leere. Nur bei großen Entscheidungen sind die Ränge gut gefüllt. Das beschäftigt scheinbar viele Menschen in unserem Land. Schauen Sie einmal auf die Internetseite des Deutschen Bundestages unter *„Häufig gestellte Fragen"*. Dort erhält man zur Antwort, dass unsere Abgeordneten eben auch in den verschiedensten Ausschüssen tätig sind und diese Sitzungen manchmal zur gleichen Zeit stattfinden. Ich zweifle das gar nicht an, frage mich aber, ob es wirklich notwendig ist, dass diese Veranstaltungen zeitgleich angesetzt werden.
Ich stelle mir immer wieder die Frage, ob unsere Abgeordneten von den Ängsten des kleinen Mannes überhaupt eine Ahnung haben. Können sie nachvollziehen, dass es viele Bürger in unserem Land gibt, deren berufliche, private und finanzielle Situation keine Verbesserung ihrer Lebensbedingungen verspricht? Der Abgeordnete ist durch sein Mandat auf lange Zeit finanziell bestens versorgt. Er muss sich keine großen Sorgen hinsichtlich seiner Zukunft machen. Selbst nach dem Ausscheiden aus dem Bundestag bekommen sie ihre Bezüge noch bis zu 18 Monate als so genanntes Übergangsgeld gezahlt.
Von der Altersversorgung der Politiker kann der Durchschnittsbürger nur träumen. Der gesetzlichen Rentenversicherung in Deutschland habe ich einen eigenen Abschnitt gewidmet. Eine Ausnahme machen die Linken, die auf die gravierende Ungerechtigkeit bei der Verteilung der Vermögen in Deutschland immer wieder aufmerksam machen.

Nachfolgend ist aufgeführt, welche Bezüge unsere ganz „normalen" Bundestagsabgeordneten erhalten und welche finanziellen Zuschüsse ihnen weiterhin zustehen.

Ein einfacher Abgeordneter erhält seit dem 01.07.2016 eine Aufwandsentschädigung/Diät von 9.327,00 EUR monatlich. Zudem erhalten sie eine steuerfreie Kostenpauschale für „Amtsausstattung" in Höhe von 4.305,46 EUR. Für ihre Mitarbeiter werden zusätzlich die anfallenden Lohnkosten in Höhe von ca. 19.000 EUR im Monat vom Bundestag übernommen.[5]

Viele unserer Abgeordneten gehen den unterschiedlichsten Nebentätigkeiten nach. Diese stehen häufig im Zusammenhang mit ihrer Arbeit als Abgeordnete des Deutschen Bundestages. In den Vorstandsetagen einiger Verbände, Organisationen und Vereine bekleiden sie die verschiedensten Ämter. Das ist meines Erachtens auch vollkommen in Ordnung und soll durchaus mit einer Aufwandsentschädigung entlohnt werden.

Ihre Nebeneinkünfte müssen die Abgeordneten veröffentlichen, worauf auf der Homepage des Bundestages ausdrücklich verwiesen wird. Das ist sehr umständlich zu recherchieren, weil man in einigen Fällen auf die persönlichen Internetseiten der Abgeordneten umgeleitet wird und dort mühsam nach den Nebeneinkünften suchen muss. Bei einigen Abgeordneten habe ich diese Angaben leider nicht gefunden. Ist das bisher nur mir aufgefallen? Die Übersicht der Nebeneinkünfte gehört auf die Seite des Bundestages in den Bereich, in dem die einzelnen Abgeordneten vorgestellt werden. Auch wenn ein Abgeordneter keine Nebeneinkünfte erzielt, muss darauf hingewiesen werden. Denn so bleibt immer die Frage offen, ob hier etwas verschwiegen wird.

Einige Abgeordnete haben auf Heller und Pfennig, oh sorry, ich meine natürlich Euro und Cent aufgeführt, wie hoch die Einnahmen im Einzelnen sind, die meisten allerdings haben ihre Nebeneinkünfte in Stufen unterteilt angegeben, wie es vom „Gläsernen Abgeordneten" gefordert ist.[6]

Die Spanne reicht von Nebeneinkünften der Stufe 1 von 1.000 EUR bis 3.500 EUR bis zur Stufe 10 mit Einkünften von über 250.000 EUR. Es kann sich dabei um monatliche, aber auch einmalige Entgelte handeln. Einige Angaben machen jedoch stutzig, wenn unsere Abgeordneten Nebeneinkünfte bei Versicherungen oder Banken einstreichen,

oft auch hohe Honorare als Rechtsanwälte. Die nebenbei erwirtschafteten Bezüge unserer Politiker betrugen seit der letzten Bundestagswahl ca. 18 Millionen Euro.[7]
Allerdings gibt es durchaus Politiker, die mal gelobt werden müssen, ich habe einige von ihnen gefunden, die einen Teil ihres Einkommens spenden bzw. ihre Honorare für Vorträge nicht annehmen und stattdessen an gemeinnützige Organisationen und Vereine weitergeben. Das verdient Anerkennung!
Um einer permanenten öffentlichen Diskussion um die Diäten unserer Abgeordneten zu entgehen, wurde beschlossen die monatliche Entschädigung automatisch an die allgemeine Lohnentwicklung anzupassen. So werden die Bezüge jährlich neu berechnet.[8]
Nun werden Sie vielleicht denken, dass ich mich hier an der Neiddebatte über die Entlohnung unserer Abgeordneten beteiligen will. Nein, ganz im Gegenteil! Ich will keineswegs die Diskussion über die Bezahlung unserer Volksvertreter zusätzlich anheizen. Ganz ehrlich betrachtet, finde ich die Diäten unserer Abgeordneten nicht überhöht, vor allem, wenn man bedenkt, dass ein Vorstandsvorsitzender einer mittleren Sparkasse im Schnitt ein sechsstelliges Jahreseinkommen erzielt. Und der trägt bei weitem nicht die Verantwortung, wie sie unsere Volksvertreter tragen bzw. tragen sollten. Wer sich dieser Aufgabe pflichtbewusst und zuverlässig stellt, soll dafür auch gut entlohnt werden. Ich will mit keinem unserer 631 Abgeordneten tauschen, die wenigsten von ihnen kennen ein geregeltes Familienleben, auch nicht an den Wochenenden. Die Höhe ihrer Entschädigung ist absolut gerechtfertigt, die jährliche Anpassung macht Sinn.
Verwundert bin ich immer wieder über die vielfältigen Einsatzmöglichkeiten unserer Minister. Ursula von der Leyen zum Beispiel war von 2005 bis 2009 Ministerin für Familie, Senioren, Frauen und Jugend und von 2009 bis 2013 Ministerin für Arbeit und Soziales. Seit 2013 ist sie Verteidigungsministerin. Eine erstaunliche Karriere! Das kann im normalen Leben keiner vorweisen, heute Bäcker- und morgen Friseurmeister!
Den Politikern der Regierungsparteien ist im Übrigen sehr wohl bewusst, wie prekär die Situation für den Teil der Bevölkerung ist, der am Existenzminimum lebt. Dennoch wurden bisher kaum Maßnahmen getroffen, um die Lage für die unteren Einkommensschichten wesentlich zu verbessern.

Vor allem in ihren Wahlkreisen werden sie immer wieder darauf angesprochen, sie versprechen sich der Probleme anzunehmen, doch Lösungen werden kaum angeboten. Vielleicht würden einige der Politiker persönlich ganz andere Entscheidungen treffen, doch in der Regel folgen sie der vorgegebenen Linie ihrer Partei.

Nachdem die Alternative für Deutschland deutliche Zuwächse in der Wählergunst für sich verbuchen kann, haben einige Politiker begriffen, dass es wesentlich mehr politischen Zündstoff als die Flüchtlingskrise in Deutschland gibt. Sie haben erkannt, dass es viele Bereiche gibt, in denen sich der einfache Bürger nicht ernst genommen fühlt und berechtigt tiefgreifende Reformen fordert. Der Alltag vieler Menschen wirft die unterschiedlichsten Fragen auf, auf die ich später noch eingehen werde.

Unsere Abgeordneten sollten sich immer wieder ins Gedächtnis rufen, dass sie die Volksvertreter und nicht die Vertreter einer Bank, einer Versicherung, der Großindustriellen oder ihrer Partei sind, sie sind die gewählten Vertreter des deutschen Volkes!

Die Bürger haben das Vertrauen in die Politik in weiten Teilen verloren. Der Staat hat ihnen gegenüber eine Fürsorgepflicht, dafür zahlt er seine Steuern. Wenn er diese permanent verletzt, schwindet die Akzeptanz seiner Entscheidungen beim Volk. Es braucht nicht viel, um Vertrauen zu verspielen, es braucht viele gute Taten, um Vertrauen zu gewinnen. Doch dazu braucht es auch Politikerpersönlichkeiten, in dessen Hände der Bürger sein Leben und seine Zukunft ruhigen Gewissens legen kann. Die sind in Deutschland Mangelware, denn die meisten unserer Politiker beglücken uns permanent mit neuen Ideen, versuchen die gravierenden Mängel im System mit kleinen „Ausbesserungsarbeiten" zu flicken, schüren dadurch noch mehr die Unsicherheit im Volke oder sie sind ständig gegen alles und jeden, ohne konkrete eigene Pläne vorzulegen. Bei einigen Politikern fragt man sich, wie sie es so weit schaffen konnten. Sie geben häufig vollkommen realitätsfremde Äußerungen von sich und wirken manches Mal wie ferngesteuert.

Bundeskanzler und Minister schwören bei Amtsantritt: *„ ... dass ich meine Kraft dem Wohle des deutschen Volkes widmen, seinen Nutzen mehren, Schaden von ihm wenden, das Grundgesetz und die Gesetze des Bundes wahren und verteidigen, meine Pflichten gewissenhaft erfüllen und Gerechtigkeit gegen jedermann üben werde".*[9]

In Deutschland hat man indes häufig den Eindruck, dass unsere Politiker vorrangig die Interessen Europas und der Welt bedienen, statt die Interessen der deutschen Bevölkerung.
Nicht nur die Politiker, sondern auch die Parteien werden zum Teil mit Steuergeldern unterstützt. Parteien finanzieren sich durch Einnahmen aus Mitgliedsbeiträgen und Spenden, sowie durch Einkünfte aus ihren eigenen Unternehmen. Zusätzlich erhalten sie für jede Wählerstimme und für jeden Euro, der über Spenden auf den Konten der Parteien eingeht, eine angemessene Summe vom Staat obendrauf gelegt.[10]
Seit der CDU-Spendenaffäre, die vor einigen Jahren die Gemüter in Deutschland erhitzte, schaut man den Parteien jedoch etwas genauer auf die Finger, woher ihre Millionen an Spendengeldern stammen. Bis heute konnte die Spendenaffäre der CDU und die Rolle, die Helmut Kohl dabei spielte, nicht restlos aufgeklärt werden.
Vor allem CDU/CSU, aber auch die anderen Parteien, mit Ausnahme der Linken, werden großzügig aus der Industrie mit Spenden bedacht. Die Versicherungen, einige Banken, die Pharmaindustrie, Teile der Autoindustrie, aber auch die Rüstungsindustrie haben unsere Parteien in den letzten Jahren großzügig finanziell unterstützt.[11]

Im Herbst 2017 finden die mit Spannung erwarteten Bundestagswahlen für die 19. Wahlperiode statt. Glaubt man den Prognosen der verschiedensten Meinungsforschungsinstitute könnte das Ergebnis nach derzeitigem Stand wie folgt aussehen: CDU/CSU = 31 %, SPD = 21 %, Linke = 9 %, Bündnis 90/Grüne = 12 %. Die Alternative für Deutschland wird voraussichtlich erstmals in den Bundestag einziehen. Hier wird ein zweistelliges Ergebnis prognostiziert. Der FDP wird der Wiedereinzug ins deutsche Parlament vorausgesagt, sie könnten die 5-Prozent-Hürde sicher übertreffen. Diese Werte schwanken ständig, je nachdem wie aufgeheizt die politische Lage in Deutschland ist und ob sich die Republik in einer längeren Phase *„ohne besondere Vorkommnisse"* befindet.

Nun wird sich der aufmerksame Leser fragen, was sich nach der Neuwahl im Jahr 2017 für Deutschland ändern könnte. Sollten die Ergebnisse für die Fortsetzung der Großen Koalition reichen, dann kann der Wähler kaum davon ausgehen, dass ein grundlegender

Kurswechsel stattfinden wird. Reicht es nicht, wird eine weitere Partei benötigt. Die Grünen werden sich ins Gespräch bringen, aber auch die FDP wäre mit Sicherheit bereit, Koalitionsverhandlungen mit der CDU/CSU und SPD aufzunehmen.
Wie werden sich die Grünen im Falle einer Regierungsbeteiligung verhalten? Derzeit kritisieren sie die bestehende Große Koalition sehr massiv. Eine Zusammenarbeit zwischen CSU und Grünen ist kaum vorstellbar.
Werden sie ihren Konfrontationskurs ändern, wenn sie mit lukrativen Ministerposten entlohnt werden, wie das unter der Regierung Schröder schon geschehen ist? Wollen sie Verantwortung übernehmen, auch wenn ihre Forderungen nicht durchgesetzt werden oder weil die Schwulen-, Lesben-, Frauen- oder Migranteninteressen nicht ausreichend berücksichtigt wurden?
Wenn sich die derzeitige politische Lage in Deutschland in den nächsten Wochen und Monaten nicht wesentlich verbessert, dann ist durchaus nicht auszuschließen, dass die Alternative für Deutschland mit mindestens 10 % in den Deutschen Bundestag einzieht, wenn nicht gar höher, vielleicht als drittstärkste Kraft. Warten wir es ab, es wird spannend werden. Maßgebend ist der Weg, den die Bundesregierung in der nahen Zukunft einschlagen wird.
Langsam setzt ein Umdenken ein. Kanzlerin Merkel hält zwar nach wie vor an ihrem Kurs, vor allem in der Flüchtlingsfrage fest, räumt aber ein, die Situation in Europa teilweise falsch beurteilt und zu spät reagiert zu haben.
Wolfgang Bosbach, einer der wenigen Politiker in Deutschland, der in der Lage und gewillt ist, die Probleme in Deutschland und Europa realistisch einzuschätzen und der sehr offen Kritik an der Politik der Kanzlerin, vor allem in Fragen der Griechenland- und Flüchtlingskrise geäußert hat, tritt bei der nächsten Bundestagswahl nicht mehr an. Er hat augenscheinlich resigniert.
Andere Politiker sind von der politischen Bühne verschwunden. Wo ist ein Herr von Guttenberg geblieben, der über seine Doktorarbeit gestolpert ist, Frau von der Leyen aber nicht? Welches Spiel wurde mit Christian Wulff gespielt, der eine kritische Haltung zur Eurokrise und zu den Aktivitäten der Europäischen Zentralbank einnahm?[12]
Ausgelöst durch die Flüchtlingskrise haben die Unzufriedenen in diesem Land mit der AfD ein Ventil gefunden, mit welchem sie den

Dampf im Kessel ablassen können. Langsam begreifen das unsere Politiker. So erklärte Angela Merkel in einem Interview, dass niemandem in diesem Land etwas weggenommen wird, sondern dass von Investitionen in den Wohnungsbau, in Schulen und Kindertagesstätten letztendlich alle Bürger profitieren werden.[13]
Hier muss man sich berechtigt die Frage stellen, warum die Politik den Ernst der Lage erst jetzt erkannt und nicht schon seit Jahren entsprechende Mittel für notwendige Investitionen und Personal bereitgestellt hat.

Spannend bleiben weiterhin die Beziehungen zwischen CDU und CSU. Unstimmigkeiten gab es in der Vergangenheit des Öfteren, die Bayern sichern mit ihren guten Wahlergebnissen den Wahlsieg der CDU/CSU. Ansonsten hat man den Eindruck, dass Bayern auf Bundesebene nicht wirklich ernst genommen wird. Sie stellen in der derzeitigen Regierung den Bundesverkehrsminister, den Minister für wirtschaftliche Zusammenarbeit und Entwicklung, sowie den Minister für Ernährung und Landwirtschaft.
Von den regierenden Parteien war es einzig die CSU, die klare Worte fand, um die umstrittene Flüchtlingspolitik zu thematisieren, sie wurde aber unverzüglich von sämtlichen deutschen Medien und vor allem von den links-rot-grünen Politikern auf eine Stufe mit der AfD gestellt.
Die führenden bayerischen Köpfe wie Horst Seehofer, Joachim Herrmann und Markus Söder sollten wissen, dass man an Glaubwürdigkeit verliert und nicht mehr ernst genommen wird, wenn man immer nur Konsequenzen androht, sie aber nicht entschlossen durchsetzt. Sämtliche angekündigte Schritte der CSU, die Flüchtlingskrise in den Griff zu bekommen und damit die Sicherheit in Deutschland wieder herzustellen, bleiben vergeblich, wenn die angedrohten Maßnahmen nicht umgesetzt werden. Hier darf auf Befindlichkeiten anderer oder befürchtete schlechte Wahlergebnisse keine Rücksicht genommen werden. Es steht schließlich die Zukunft und die Sicherheit unseres Landes auf dem Spiel. Mit dem ehemaligen Parteivorsitzenden Franz-Josef Strauß hätte es dieses ewige Hin und Her nicht gegeben, er hätte die bayerischen Positionen konsequent und kompromisslos vertreten.

Vor der anstehenden Bundestagswahl überbieten sich unsere Parteien mit der Bekanntgabe von Plänen für Investitionen und Steuersenkungen für die Zeit nach dem Wahlsonntag. Dem Bürger fehlt der Glaube an der Ernsthaftigkeit dieser Vorschläge. Wann wird die versprochene Abschaffung der kalten Progression umgesetzt, wann der Solidaritätszuschlag gestrichen, deutliche Steuerentlastungen für Gering- und Alleinverdiener beschlossen? Wann endlich gibt es konkrete Pläne, die erwirtschafteten Steuerüberschüsse an die Bevölkerung zurückzugeben. Was ist, wenn die Steuereinnahmen mal einige Jahre hintereinander nicht so großzügig sprudeln? Neue Schulden? Es gibt viele Fragen, auf die die Bevölkerung dieses Landes Antworten erwartet.

Viele Bürger der Bundesrepublik haben der Sozialdemokratischen Partei die Agenda 2010 nicht verziehen. Die sozial Benachteiligen wurden noch ärmer, bestraft werden alle Menschen, die lange Jahre in die Sozialsysteme eingezahlt haben.
Befremdlich ist die Tatsache, dass sich die SPD nun für die Rente mit 63 und den Mindestlohn feiern lässt. Die Rente mit 63 verdient den Namen längst nicht mehr, weil sie stufenweise auf 65 angehoben wird. Den Mindestlohn forderten die Linken schon seit vielen Jahren.
Gerne hätte ich gewusst, wie Helmut Schmidt die heutige Situation in Deutschland und die Arbeit seiner Parteikollegen beurteilt hätte. Doch leider wird er uns mit seinen brillant scharfen Einschätzungen und seinen klugen Ratschlägen nicht mehr zum Nachdenken bewegen können.
Positiv hervorzuheben ist meiner Ansicht nach in der SPD unser Außenminister Frank Walter Steinmeier, der mit viel Verantwortung und Nachdruck versucht, die unterschiedlichsten Konfliktparteien in den Krisenländern immer wieder an den Verhandlungstisch zu bringen und sich trotz Niederlagen nicht vom Weg einer friedlichen Lösung abbringen lässt.
Manchmal stellt man sich die berechtigte Frage, wie die SPD die 20-Prozent-Marke bei der nächsten Wahl deutlich übertreffen will. Alleine der Vorschlag von Wirtschaftsminister Gabriel eine Flexi-Steuer beim Treibstoffpreis einzuführen, verursacht bei vielen Menschen nur Kopfschütteln. Betroffen sind wieder die Arbeitnehmer, die auf das Auto angewiesen sind und nicht auf die teuren öffentlichen Ver-

kehrsmittel zurückgreifen wollen und können. Er hat vorgeschlagen, dass Benzin und Diesel an der Tankstelle auch bei niedrigen Rohölpreisen immer gleich kosten und die Differenz als Steuer abgeführt werden soll.[14] Wie schaut es dann umgekehrt aus? Werden bei steigenden Preisen die Steuern dann gesenkt? Wohl kaum.

Ich persönlich befürchte, dass in der kommenden Wahlperiode im Falle der Fortsetzung einer Großen Koalition die Bundesregierung die Mehrwertsteuer anheben wird, denn diese ist im europäischen Vergleich noch relativ niedrig. Und irgendwoher müssen die Gelder ja kommen, die zurzeit so großzügig für die unterschiedlichsten Projekte zur Verfügung gestellt werden. Woche für Woche erfreut uns die Bundesregierung mit neuen Ankündigungen, was die Bereitstellung von finanziellen Mitteln betrifft. Mehr für die Polizei, für die Bundeswehr, für den Straßenbau, für Bildung, viel mehr für Integration und die Flüchtlingskrise, weitaus mehr für den Kampf gegen Terror und für Europa und die weltweiten Krisen. Wie will man das alles bewältigen? Hier erwartet der Bürger konkrete Finanzierungsvorschläge. Derzeit werden die Milliarden dermaßen großzügig verteilt, dass sich der Bürger ständig die Frage stellt, wo das Geld auf einmal herkommt.

Interessant ist das Verhalten von einigen Politikern und Parteien, die Angela Merkel in der Flüchtlingskrise vor sich her trieben und einen unbegrenzten Zuzug von Migranten forderten. Nach den letzten Wahlen in einigen Bundesländern wurde Angela Merkel für das schlechte Abschneiden verantwortlich gemacht, denn es ist unbestritten, dass die Wahlergebnisse auf bundespolitische Entscheidungen und die Flüchtlingspolitik in Deutschland zurückzuführen sind. Kein feiner Zug, der vielen aufmerksamen Bürgern in Deutschland sicher nicht entgangen ist.

Versetzen wir uns einmal in die Lage von Bürgern unseres Landes, denen es wirtschaftlich bei weitem nicht so gut geht, die ihr Leben mühsam meistern und trotz einem sozialversicherungspflichtigem Vollzeitjob Monat für Monat gerade so um die Runden kommen. Diese müssen sich von unseren Politikern immer wieder anhören, dass es Deutschland so gut wie nie ginge und dass es unsere Pflicht wäre, von diesem Wohlstand abzugeben.

Obwohl sie persönlich nichts falsch gemacht haben, müssen sie sich doch als Versager fühlen, denn in ihrem Alltag kommt von all dem Reichtum kaum ein Cent an. Wenn sie daran Kritik üben und in der Folge als Pack bezeichnet werden, darf sich kein Politiker wundern, dass man diese Menschen nicht mehr mit Argumenten erreichen kann.

Die Linken bringen die soziale Ungerechtigkeit in Deutschland immer wieder zur Sprache. In vielen Punkten haben sie Recht. Vor allem Gregor Gysi, der rhetorisch vielen anderen Politikern weit überlegen ist, hat in den letzten Jahren, vor allem in seinen Redebeiträgen im Bundestag, die Missstände in Deutschland deutlich angeprangert.

Aber ihre Haltung zur Flüchtlingskrise ist nicht tragbar. Ihre Forderung nach unbegrenzter Zuwanderung, auch von politisch nicht verfolgten Menschen, sondern von Wirtschaftsmigranten auf der Suche nach einem besseren Leben, ist nicht nachvollziehbar.

Es würde Deutschland, vor allem aber die Sozialsysteme weiter massiv schwächen und die Lage der unteren Einkommensschichten, der sozial Benachteiligen, aber auch des deutschen Mittelstandes weiter verschärfen, denn hier würde zuerst gespart werden. Und ein schwaches Deutschland wäre sicher nicht mehr in der Lage, weiterhin umfassend seinen Beitrag für die Verbesserung der Lebensbedingungen der Notleidenden der Welt zu leisten. Hilfe ja, aber nur vor Ort und das als Hilfe zur Selbsthilfe!

Ihr Kampf gegen die ungerechte Verteilung der Vermögen in Deutschland und der Welt, ihre klare Haltung zur aggressiven Politik der Amerikaner und zur permanenten Provokation von Russland sind wichtig, um die Missstände immer wieder zur Sprache zu bringen. Sie sind die einzigen, die das wirklich klar beim Namen nennen.

Sie haben sich ihren Platz in der deutschen Parteienlandschaft hart erkämpft und leisten ihren Beitrag, damit Deutschland nicht im Sumpf einer gleichgeschalteten Einheitspolitik versinkt, die vor allem die Interessen der Industrie bedient.

Was ist los mit der FDP? Sie müssen langsam wieder überzeugend in Erscheinung treten, wenn ihr Einzug in den Bundestag im Jahre 2017 mit einem Resultat von deutlich mehr als 5 Prozent gelingen soll. Der Bürger erwartet hier permanente Beiträge zu den drängendsten Fra-

gen. Oder hat man Angst, sich an den heiklen Themen wie der Flüchtlingskrise die Zunge zu verbrennen? Die Chancen stehen doch gut, die Menschen suchen nach Alternativen zu den großen Parteien.
Ich vermisse die provokanten Sprüche eines Guido Westerwelle, ich vermisse die besonnenen Beiträge eines Hans-Dietrich Genscher.
Der Mittelstand in Deutschland braucht dringend einen Fürsprecher, damit er nicht weiter ausgeblutet wird. Denn die meisten Lasten werden in Deutschland auf den Mittelstand abgewälzt, vor allem auf die Menschen, die einer sozialversicherungspflichtigen Tätigkeit nachgehen. Sie benötigen dringend Hilfe! Keiner nimmt sich ihrer Sorgen wirklich an.
Neben den Grünen wird dringend eine weitere Partei benötigt, die sich als Koalitionspartner ins Gespräch bringen kann. Bei der derzeitigen Konstellation bei den Wahlumfragen ist es durchaus denkbar, dass nach der Bundestagswahl bei anhaltenden Verlusten für die zwei großen Parteien ein dritter Partner benötigt wird. Schwarz-Rot-Rot ist sehr unwahrscheinlich. So blieben nur die Varianten Schwarz-Rot-Grün oder Rot-Rot-Grün. Weitere Alternativen wären wünschenswert, denn die AfD bringt das bisherige Parteiengefüge massiv durcheinander.

Als die Grünen vor mehr als 40 Jahren die politische Bühne betraten, wurden sie belächelt, heute sind sie unberechenbar. Ihre Äußerungen und Aktionen rufen bei mir oft Kopfschütteln und Unverständnis hervor und ich stelle mir die Frage, was sie eigentlich wollen. Ist es ihr Ziel, Deutschland in der bisherigen Form abzuschaffen oder zumindest vollkommen umzukrempeln? Sie erreichten nur im Jahr 2009 ein zweistelliges Ergebnis bei den Bundestagswahlen und dennoch haben sie auf die deutsche Politik einen Einfluss, der unverhältnismäßig groß ist. Woran liegt das?
Grüne Wähler sind vor allem Beamte und Menschen mit Hochschulabschluss. Bei Bevölkerungsgruppen im unteren Einkommensbereich und mit einfachen Bildungsabschlüssen finden sie kaum Zustimmung.[15] Der viel zu früh verstorbene Guido Westerwelle sagte einmal: *"Die eine Hälfte der Grünen ist beim Staat angestellt, die andere Hälfte lebt von ihm."*[16]

Um mit Regierungsverantwortung übernehmen zu können, haben sie ihre Prinzipien verraten. An schlechten Wahlergebnissen tragen meist die anderen Schuld.
Sie haben die Energiepolitik Deutschlands auf den Kopf gestellt, ohne an die Folgen zu denken. Ich sehe z. B. die Atomenergie ebenfalls sehr kritisch, solange die Frage der Endlagerung des Atommülls nicht geklärt ist. Doch was bedeutet der vorschnelle Ausstieg aus der Atomenergie? Wir Verbraucher müssen die Zeche zahlen, werden für die Schließung und den Abriss der Atomkraftwerke Milliarden aufbringen müssen und das mit unseren Steuergeldern und Stromrechnungen finanzieren, während rings um Deutschland weiter marode Atomkraftwerke betrieben und sogar neue gebaut werden. Hat man viele Entscheidungen in der Energiepolitik wirklich bis zu Ende durchdacht? Was geschieht mit den vielen Arbeitsplätzen in der Kohleindustrie?
Sie beklagen die soziale Armut in Deutschland und haben die entsprechenden Gesetze der Agenda 2010 während ihrer Regierungskoalition mit der SPD unter Gerhard Schröder selbst beschlossen. Und dann kommen solche höchst interessanten Vorschläge wie der von Anton Hofreiter, man solle doch die Hartz-IV-Sätze erhöhen, damit auch die Ärmsten unseres Landes Bioprodukte kaufen können. Lieber Herr Hofreiter, ich bin fest davon überzeugt, dass diese Menschen auch weiterhin einen Bogen um das Bio-Regal im Supermarkt machen, denn sie haben ganz andere Sorgen.[17]
Wie viele Millionen wurden in den Sand gesetzt und wie viele Arbeitsplätze gingen in Deutschland verloren, weil mit Hilfe der Grünen etliche Bauvorhaben des Staates oder der Industrie verhindert oder sie in lange Rechtsstreitigkeiten gezwungen wurden?
Von einer Partei, die sich mal Friedenspartei nannte und die bei den Kundgebungen der Friedensbewegungen an vorderster Front marschierte, sind sie heute weit entfernt. Sie tragen mit Verantwortung dafür, dass deutsche Soldaten erstmals nach 1945 zu Kampfeinsätzen ins Ausland geschickt wurden und noch immer werden. Den Einsätzen der Bundeswehr haben die Grünen im Bundestag zugestimmt.[18]
Während der Findungs- und Gründungsphase der Grünen, aber auch noch, nachdem sie 1983 erstmalig in den Bundestag eingezogen sind, gab es Bestrebungen einzelner Gruppen in der Partei, „einvernehmlichen" Sex mit Kindern unter Straffreiheit zu stellen und die Paragra-

phen 174 und 176 des Strafgesetzbuches so zu verändern, dass sie nur noch im Falle von Gewaltandrohung oder -ausübung angewandt werden sollten.[19] Als ob ein heranwachsendes Mädchen oder ein pubertierender Junge versteht, wenn sich der nette Onkel ihnen unsittlich nähert.
Im Jahr 2014 haben sie diesen heiklen Punkt in ihrer Geschichte aufgearbeitet, sich davon distanziert und sich bei möglichen Opfern entschuldigt.[20]

Sie fordern die Freigabe von weichen Drogen, übrigens nicht als einzige Partei. Als Begründung geben sie an, dass damit der Konsument entkriminalisiert werden soll. Soweit kann ich mitgehen. Aber sind weiche Drogen nicht in vielen Fällen der Beginn einer langjährigen Drogenkarriere? Was ist mit den Menschen, die psychisch labil sind und denen die weichen Drogen am Ende dann doch nicht reichen?

Die Grünen bescherten uns den Pfand für Einwegflaschen, doch heute sind mehr Plastikflaschen im Umlauf als je zuvor.[21]

Schaut man auf die Twitter- und Facebook-Seiten oder auf die persönlichen Internetseiten der führenden Grünen-Politiker und der Partei selbst, so gibt es ein beherrschendes Thema. Sie treten massiv gegen Diskriminierung von Schwulen, Lesben und Transgender ein. Sie sagen selbst, dass dieses Thema Schwerpunkt ihrer politischen Arbeit ist.[22]
Das ist ja alles schön und gut, aber haben wir in Deutschland denn keine anderen Sorgen. Diese Diskussionen sind manchmal schwer zu ertragen.
Man hat ja fast schon ein schlechtes Gewissen, wenn man einfach nur normal ist und eine kleine Familie gründet. Homosexuelle wurden doch längst akzeptiert, sie gehören zu unserer Gesellschaft, von Diskriminierung kann wohl kaum mehr die Rede sein.
Selbst im ZDF-Fernsehrat gibt es jetzt einen Sitz für „Lesbische, Schwule, Bisexuelle, Transsexuelle, Transgender, Intersexuelle und Queere Menschen".[23]
Lilo Wanders und Conchita Wurst haben Karriere gemacht, niemand stört sich an schwulen Politikern wie Guido Westerwelle, Klaus Wowereit und Volker Beck, wir freuen uns gemeinsam mit der Bildzei-

tung, wenn Anne Will mit ihrer Lebenspartnerin einen Bund fürs Leben eingeht.[24]
Längst haben wir in vielen Städten, Betrieben und öffentlichen Einrichtungen Unisex-Toiletten, denn wir wollen ja nicht, dass die Notdurft in die Hose geht, weil sich jemand nicht entscheiden kann, ob er die Damen- oder Herrentoilette benutzen soll.
Wo ist das Problem? Man hat das Gefühl, es wurde zur Lebensaufgabe der Grünen sich ständig als Interessenvertreter von vermeintlichen Opfern zu präsentieren und sich mit Diskriminierungsvorwürfen immer wieder in den Mittelpunkt zu drängen. Die wenigen Unbelehrbaren, die Homosexuelle tatsächlich diskriminieren, werden die Grünen auch mit Hunderten weiterer Gesetze und Antidiskriminierungsverordnungen nicht zum Schweigen bringen.
Jede Gay-Parade in Deutschland schafft es heute in die Hauptnachrichten der Tagesschau. Und selbst der Justizminister zeigt sich auf seinem Twitter-Account erfreut, wenn über dem Justizministerium die Regenbogenfahne weht, das Symbol der Schwulen und Lesben. Kaum ein Krimi im deutschen Fernsehen, in welchem neben dem Flüchtlingsthema nicht auch das Thema Homosexualität bedient wird.
Ein schwuler Freund sagte einmal zu mir: *„Wir wollen diesen ganzen Zirkus gar nicht, wir wollen doch einfach nur in Ruhe leben!"*
Sie kämpfen gegen Diskriminierung, doch jeder der sich ihren Ansichten entgegenstellt und eine andere Meinung vertritt, wird von ihnen massiv angegriffen und ausgegrenzt. Ihr Auftreten und ihr Urteil über Andersdenkende sind häufig selbstgerecht, überheblich und arrogant.
Dass die Grünen unbegrenzte Zuwanderung von Muslimen fordern, vielleicht in der Hoffnung hier später neue Wähler zu finden, ist absolut unverständlich. Diese stammen in der Mehrzahl aus Ländern, in denen Homosexualität auch mit dem Tode bestraft wird oder aber zumindest mit Gefängnis. Das passt nicht zusammen und wird zu weiteren Konflikten führen. Was bezwecken sie damit?
Es ist nur eine Frage der Zeit, wann die bei uns lebenden Migranten, Zuwanderer oder deren Nachkommen ihre eigenen Parteien gründen. 1 Jahr, 5 Jahre oder 10 Jahre? Wenn 21 Prozent der in Deutschland lebenden Menschen, also mehr als jeder Fünfte, jetzt schon einen Migrationshintergrund hat, ist diese Annahme nicht sehr utopisch. Und dabei sind noch nicht einmal alle Flüchtlinge aus dem Jahr 2015

und 2016 registriert. Bei Jugendlichen unter 18 Jahren liegt der Anteil bei 33 Prozent und bei den Kindern unter 5 Jahren sogar bei 36 Prozent.[25]
Was macht das mit einem Land wie Deutschland? Diese Fragen muss man stellen dürfen, ohne sofort angegriffen und diffamiert zu werden.

Was ist übrigens aus Joschka Fischer geworden, dem ehemaligen Vizekanzler und Außenminister, der lange Zeit belächelt wurde, weil er mit Turnschuhen im Bundestag erschien, der Schule und Ausbildung geschmissen hat und seinen Lebensunterhalt mit Taxifahren verdiente? Er ist heute einer der Geschäftsführer der JF & Company, einer international agierenden Unternehmensberatung, die enge Beziehungen in die USA unterhält.[26]
Eine beeindruckende Karriere ohne entsprechende berufliche Qualifikation ist als ehemaliger Abgeordneter des Bundestages, ausgestattet mit besten Kontakten in Wirtschaft und Politik, durchaus möglich.
Ansonsten bleiben die Grünen seit vielen Jahren ihrer politischen Linie treu. Sie meinen politisch korrekt zu handeln und jeder, der sich ihren Ansichten widersetzt, bekommt deutlich ihren Gegenwind zu spüren.
Sie sind nicht schuldlos daran, dass ein tiefer Riss durch die deutsche Gesellschaft geht. Es kann nicht nur die Einteilung in Gut und Böse geben. Es geht darum, miteinander konstruktiv zu diskutieren und vielleicht auch einmal zu akzeptieren, dass ein politischer Gegner seine Meinung ebenfalls konsequent vertritt. Da hilft auch kein theatralisches Geschrei, das einem durch Mark und Bein geht, sondern nur faire Auseinandersetzung, denn das ist Demokratie.
Man weiß wirklich nicht, wie man die Grünen einordnen soll. Frau Roth gibt im deutschen Fernsehen zu, dass sie die Nationalhymne nicht mitsingt. Diese und viele andere Äußerungen von grünen Politikern machen nachdenklich. Was soll der Bürger davon halten?
So entlädt sich auf ihren Internetseiten häufig ein Shitstorm, der an Geschmacklosigkeit nicht zu überbieten ist. Ich sehe die Grünen ebenfalls sehr kritisch, aber das geht überhaupt nicht, solche Aktionen sind ein absolutes No-Go und gehören unterbunden. Sind wir in Deutschland denn nicht mehr in der Lage, vernünftig miteinander zu diskutieren?

Wenn es in Deutschland in den nächsten Wochen und Monaten keinen deutlichen Kurswechsel gibt und die etablierten Parteien nicht endlich damit beginnen, die Probleme in Deutschland klar beim Namen zu nennen und konsequent anzugehen, dann wird die Alternative für Deutschland bei der nächsten Bundestagswahl ins Parlament einziehen. Das kann ihr sogar als drittstärkste Kraft gelingen. Und man mag zur AfD stehen, wie man will, ihr Erstarken hat die politische Diskussion in Deutschland endlich wieder in Gang gebracht. Denn seit einiger Zeit war es egal, welchem Politiker man zuhörte, ob schwarz, rot, grün oder extrem rot, es klang alles gleich.
Auf der einen Seite standen die Politiker, die besonders in Fragen der Flüchtlingskrise eine Haltung einnahmen, die die daraus resultierenden Probleme eher verharmlosten und uns suggerierten, welche Chancen die ungehinderte Zuwanderung für Deutschland bedeute und auf der anderen Seite die Bürger, die sehr schnell spürten, dass die Bundesregierung die Situation nicht wirklich unter Kontrolle hatte und welche Risiken damit verbunden sind.
Politiker der etablierten Parteien echauffieren sich über sämtliche Bemerkungen der AfD und hauen kollektiv auf sie ein. Kaum ein Wort der Selbstkritik ist zu hören, nur wenige von ihnen stellen sich wirklich die Frage, warum diese Partei so einen Zugewinn an Wählerstimmen für sich verbuchen kann.
Fordert zum Beispiel die AfD kriminelle Ausländer abzuschieben, wird ihr daraufhin das Verbreiten von menschenverachtenden Parolen vorgeworfen. Wenn aber wenige Wochen später Innenminister Thomas de Maizière aufgrund der Terrorlage und eben auch wegen vorhandener Probleme in Bezug auf das Verhalten einiger Flüchtlinge in Sachen Kriminalität das Gleiche fordert, gibt es größtenteils Zustimmung.[27]
Sicher gilt die Sorge der Politiker nicht ausschließlich den von der AfD propagierten Themen, hier haben wohl auch einige die Befürchtung, dass sie ihren Sitz in den Parlamenten räumen müssen.
Auch die Medien leisten ihren Beitrag und stellen die AfD permanent an den Pranger. Allesamt werfen der AfD rechte Hetze vor. Um es noch einmal klarzustellen, man muss die AfD nicht mögen und es wird niemand gezwungen, diese zugelassene Partei zu wählen, aber auch hier kann der Bürger einen fairen Umgang erwarten.

Und gerade Deutschland, das ständig betont, eine freiheitlich demokratische Gesellschaft zu sein, muss eben auch eine Alternative für Deutschland aushalten können.

Die ganze Berichterstattung über die AfD und der Aufschrei aller etablierten Parteien hat meine Neugier erst recht geweckt und ich habe beschlossen, mir eine Demonstration der AfD anzusehen und ich habe eine Informationsveranstaltung mit der Vorsitzenden Frauke Petry besucht, um mir ein eigenes Bild zu machen und mit dem zu vergleichen, was mir mit Hilfe von Zeitung und Fernsehen versucht wird, zu vermitteln.

Als erstes zur Demonstration: Dort habe ich tatsächlich auch einige Leute gesehen, die man aufgrund ihres Auftretens und Verhaltens dem rechten Lager eindeutig zuordnen konnte. Auf der Veranstaltung, an der ca. 1 000 Demonstranten versammelt waren, tummelte sich ein knappes Dutzend, was man vor allem an ihrem Äußeren sehr gut erkennen konnte. Sie beteiligten sich stimmgewaltig an den *„Merkel-muss-Weg"*-Rufen, zogen aber nach Ende der Veranstaltung friedlich davon. Hauptthema der Demonstration war die befürchtete Islamisierung Deutschlands, die Forderung nach geschlossenen Grenzen und der Rücktritt der Bundeskanzlerin. Es wurden die gleichen Parolen angestimmt, wie bei den so genannten PEGIDA-Demonstrationen und deren Ablegern in anderen deutschen Städten.
Die bunte *„Refugees-Welcome-Gruppe"* nebenan, an der ca. 600 Personen teilnahmen, erzeugte eine extreme Lärmkulisse, so dass die AfD-Demonstration massiv gestört wurde. Dutzende Trillerpfeifen kamen zum Einsatz. Die hiesige Politprominenz war geladen und nahm fast vollständig daran teil, obwohl einige dieser Politiker oder Amtsträger hinter verschlossenen Türen eine ganz andere Ansicht vertreten. Aufgrund der offiziell aufgezwungenen Meinung zur Flüchtlingskrise bleibt einem politisch Verantwortlichen aber gar nichts anderes übrig, denn wenn man seine Teilnahme verweigert, muss man sich in den verschiedensten Lokalmedien rechtfertigen und sich schlimmstenfalls als *„politisch nicht korrekt"* einstufen lassen müssen.
Als sich aber der bunte Tross ebenfalls in Bewegung setzte und hinter Transparenten herlief, auf denen stand, dass Deutschland doch verrecken möge und einige Teilnehmer *„den Scheißbullen"* hasserfüllte

Parolen entgegenschrien, dann habe ich absolut kein Verständnis dafür, dass sich Politiker, Wohlfahrtsverbände und gemeinnützige Organisationen in einen solchen Zug einreihen. Hier ist ganz deutliche Kritik angebracht und solche Teilnehmer müssen konsequent des Platzes verwiesen werden!

Am nächsten Tag standen mehrere Berichte über die Gegendemonstration in verschiedenen Medien, in denen mit kaum einem Wort auf die Forderungen der AfD eingegangen, aber Fotos der wenigen offensichtlichen Neonazis gezeigt wurden. Hauptthema aller Berichte war vor allem, dass sich die vernünftigen Kräfte mit *„Nazis-Raus-Rufen"* lautstark Gehör verschafften und sich den rechtspopulistischen Kräften entgegenstellten.

Einige der Anwesenden kannte ich persönlich, ich ordne sie keineswegs dem rechten Lager zu. Sie waren einfach neugierig. Da sie aber erleben mussten, wie sie kollektiv als Nazis beschimpft wurden und wenn sie anschließend die Zeitungsberichte gelesen haben, dann stelle ich mir die Frage, ob dieses Vorgehen ihre vorhandenen Zweifel zerstreut hat, eher das Gegenteil wird der Fall sein.

Als zweites besuchte ich eine Informationsveranstaltung mit der Parteivorsitzenden Frauke Petry. In einer fast einstündigen Rede erlebte ich eine hochintelligente Frau, die in einem frei gehaltenen Vortrag die Situation in Deutschland skizzierte und ihr Parteiprogramm vorstellte. Im Publikum war größtenteils der deutsche Mittelstand vertreten, wovon ich mich in persönlichen Gesprächen überzeugen konnte, das Alter der Anwesenden lag im Schnitt zwischen 40 und 50 Jahren. Einen offensichtlichen Rechtsextremisten konnte ich nirgendwo ausmachen. Es waren auch nicht ausschließlich AfD-Mitglieder oder Sympathisanten anwesend, sondern viele Besucher wollten die Frau einmal persönlich erleben, die in Deutschland für so viel Aufregung sorgt. Und viele stellten sich die Frage, ob die in den Medien veröffentlichten Fakten mit den Standpunkten der Partei tatsächlich übereinstimmen. Schließlich lösen sie in unserem Land kontroverse Diskussionen aus.

Es gab auch einige junge Leute, die, wie sich schnell herausstellte, als linke Störer entlarvt wurden. Aus einigen Gesprächen konnte ich entnehmen, dass hier Eigentümer mittelständischer Unternehmen,

Angestellte in leitenden Positionen, auch einige Beamte, vor allem aber ganz normale Arbeitnehmer anwesend waren.
Ich stellte mir die Frage, was denn diese Frau da oben auf der Bühne persönlich motiviert, sich den täglichen Anfeindungen auszusetzen.
In ihrer Rede strich Frauke Petry unter anderem deutlich heraus, dass es der AfD keineswegs darum ginge, alle Frauen in die alte Rolle der Hausfrau und Mutter zurückzudrängen. Leider sieht aber in Deutschland die Situation so aus, dass sich vor allem Akademikerinnen häufig gegen Kinder entscheiden, weil sie die finanziellen Einbußen und das Ende der Karriere befürchten. Weiterhin beklagte sie die mangelnde Unterstützung seitens des Staates für die allein erziehenden Mütter und Familien mit mehreren Kindern. Hier bestehe dringender Handlungsbedarf.
In der anschließenden Diskussionsrunde, in der Frauke Petry - eine gewisse Überheblichkeit und Arroganz ausstrahlend - Zuschauerfragen beantwortete, wurde sie dann tatsächlich von einer anwesenden Besucherin gefragt, warum die AfD wieder alle Frauen an den Herd zurückbringen will. Ich war erschüttert: Die über die AfD verbreiteten Informationen haben sich scheinbar dermaßen in den Köpfen der Menschen manifestiert, dass sie nicht einmal in der Lage sind richtig zuzuhören.
Ungeachtet dessen, die Kritiker der AfD tun bei diesem Thema immer so, als würde die AfD ein Arbeitsverbot für alle Frauen anstreben, das ist doch Blödsinn. Frauen sollen nach ihrer Vorstellung in einem veränderten Deutschland zukünftig Beruf und Karriere leichter vereinbaren können.
Unumstritten ist, dass in den Reihen der AfD auch Kräfte aktiv sind, die extreme rechtspopulistische Ansichten vertreten. Wenn die Partei in Zukunft mehr politische Verantwortung in Deutschland übernehmen möchte, dann muss sie sich von diesen Personen deutlich distanzieren.

Die Empörung der etablierten Parteien und die permanenten negativen Kommentare unserer Journalisten sind die beste Wahlwerbung für die AfD, das haben sie scheinbar immer noch nicht begriffen. Wann beginnen sie endlich, selbstkritisch ihre eigene Politik zu durchleuchten und sich zu fragen, warum die Menschen in die rechte Ecke tendieren, warum sie das Vertrauen bei den Bürgern verspielt und ihre Wählerstimmen verloren haben? Glaubt man wirklich, dass man auch nur einen Wähler zurückgewinnt, wenn man sie beschimpft, ausgrenzt und eine Wortwahl oder Gesten benutzt, die einem Politiker nicht würdig sind?

Häufig wird in den Medien von rechter Gewalt berichtet, von Brandanschlägen auf Asylantenheime und Übergriffen auf unsere neuen Mitbürger. Diese Form der Gewalt ist absolut inakzeptabel und aufs Schärfste zu verurteilen und zu bestrafen.
Sofort bilden sich Lichterketten und Anti-Nazi-Demonstrationen, auch wenn noch nicht feststeht, wer die eigentlichen Täter waren. So geschehen auch in Dresden, als kurz nach der Ermordung eines Asylbewerbers tausende Demonstranten gegen Fremdenfeindlichkeit auf die Straße gingen und in denen Asylbewerber in Interviews beteuerten, wie sehr sie in Deutschland bedroht werden.[28]
Im Nachhinein stellte sich allerdings heraus, dass die Asylbewerber ihre Konflikte untereinander auf ihre eigene Weise gelöst hatten.[29] Medien und selbst Politiker warteten die laufenden Ermittlungen nicht ab und prangerten sofort an, dass besonders in Dresden Rechtsextreme unterwegs sind.[30]
Mit solchen Aktionen wird sich die Situation in Deutschland nicht entspannen. Hier wird eine Hysterie betrieben, die unserem Land nicht gut tut. Claudia Roth sagte im Fernsehen, dass in Deutschland flächendeckend Flüchtlingsheime brennen würden.[31] Das klingt so, als würden jeden Tag mehrere Heime angezündet werden. So stimmt das aber nicht. Eine dermaßen übertriebene und zugespitzte Darstellung beruhigt die Situation keineswegs. Wochenlang wird in Deutschland über das Tragen der Burka diskutiert, was nur wenige Frauen betrifft. Alexander Gauland beantwortet der Presse die *„Nachbarschaftsfrage"* und sofort springen alle Parteien und Medien auf den Zug auf und diskutieren tagelang darüber. Die Lage wird damit unnötig aufgeheizt, Extremisten auf beiden Seiten werden angestachelt. Und die daraus resultierende Stimmung in Deutschland ist in höchstem Maße aufgeladen und das bereitet mir persönlich große Sorge.

Nicht jeder Brand in einem Flüchtlingsheim geht auf das Konto von Nazis. Es ist unbestritten, dass die Übergriffe auf Flüchtlinge und ihre Unterkünfte in den letzten Monaten massiv zugenommen haben. Und

um es noch einmal festzustellen, jegliche Form von Gewalt, Brandstiftung und Zerstörung von Eigentum ist auf das Schärfste zu verurteilen und hart zu bestrafen, von wem auch immer ausgeführt, ob Deutscher oder Flüchtling.
Der Ton in Deutschland ist extrem rau und verbale Hassattacken sind salonfähig geworden. Das ist Besorgnis erregend. Dies betrifft allerdings nicht nur die Seite der Rechtspopulisten oder gar Rechtsextremisten.

Der Fairness halber muss man auch einmal die andere Seite betrachten. Denn wo bleiben die Berichte über die massiven Ausschreitungen gegen die AfD von vorrangig linken Gewalttätern? Hunderte Anschläge auf Privateigentum und Parteibüros, bis hin zu Morddrohungen, tätlichen Angriffen auf Parteimitglieder und Zerstörung von Wahlplakaten, brennenden Fahrzeugen und dergleichen.
Wie werden Wirte – vor allem von Politikern – eingeschüchtert und mit Boykott ihrer Lokalitäten bedroht, wenn sie ihre Räumlichkeiten für Veranstaltungen der AfD zur Verfügung stellen? Das ist ungeheuerlich und genauso inakzeptabel und gehört mit der gleichen Härte bestraft, wie gegen rechte Gewalttäter vorgegangen wird. Hier herrschen Zustände, die einer Demokratie ebenso unwürdig sind, wie rechte Übergriffe. Nur wenige Medien haben über diese unhaltbaren Zustände am Rand berichtet. Unsere vermeintlich *„korrekten"* Politiker sind daran nicht schuldlos.

Keine Frage, manche Äußerungen einiger Parteimitglieder der AfD sind absolut überflüssig und nicht zu akzeptieren. Tagelang werden sie dann in der Presse, wenn auch manchmal aus dem Zusammenhang gerissen und durchaus von den Medien provoziert, ausgeschlachtet. Der Bürger fordert aber endlich die Rückkehr zu einer vernünftigen und fairen politischen Auseinandersetzung und zwar von allen Parteien.
Soll die AfD doch ruhig in den Bundestag und in die Länderparlamente einziehen, dann können sie im täglichen politischen Geschäft beweisen, was sie können oder nicht. Wenn es darum geht, die vorderen Positionen auf den Wahlscheinen zu belegen, wird das Machtgerangel bei der AfD wahrscheinlich nicht anders aussehen, wie bei den etablierten Parteien auch, schon jetzt sind sie sich zum Teil nicht einig, in

welche Richtung sie steuern wollen. Warten wir es ab! Interessant ist es allemal!

Untersuchungen nach den letzten Wahlen in Mecklenburg-Vorpommern haben ergeben, dass ein nicht unerheblicher Teil der Wähler der AfD von den etablierten Parteien abgewandert ist.[32] Als diese Bürger ihr Kreuz noch bei CDU, SPD, Grünen und Linken gemacht haben, waren sie gern gesehen und akzeptiert.
Nachdem sie aber jetzt der AfD ihre Stimme gegeben haben, werden sie ausgegrenzt und müssen sich als Rechtspopulisten titulieren lassen. Meint man, mit solchen Aussagen diese Wähler wieder zurückzugewinnen? Die Ost-West-Debatte nimmt langsam wieder an Fahrt auf. Als die Ostdeutschen nach der Wende den Linken ihre Stimme gaben, waren sie die ewig Gestrigen. Wenn sie nun ihr Kreuz bei der AfD machen, als was müssen sie sich jetzt beschimpfen lassen? Als die ewig Vorgestrigen?

Ich bin nach wie vor unschlüssig, welche Partei ich bei der nächsten Bundestagswahl wählen werde. Eigentlich fehlt eine Gruppierung in unserer Parteienlandschaft, die sich den Sorgen des Mittelstandes endlich annimmt. Wie könnte sie heißen? Neue Mitte, Mittelstandspartei, Partei der Mitte? Ich weiß es nicht, vielleicht gründe ich sie ja selbst, wenn sich nicht bald eine Partei klar für ihre Interessen einsetzt.

Eine deutsche Bestandsaufnahme

Vor mehr als zwei Jahrzehnten lag der Anteil der Abiturienten in Deutschland noch bei ca. 15 Prozent. Heute beenden mehr als 30 Prozent ihre Schulzeit mit der Hochschulreife.[33] Und von den Schulabgängern mit allgemeiner oder Fachhochschulreife erreichen immer mehr einen Notendurchschnitt mit einer Eins vor dem Komma. Sind wir in den letzten – sagen wir einmal 20 Jahren - um so viel schlauer geworden?
Ich behaupte: Nein! Das belegen auch die Ergebnisse der verschiedensten Bildungsstudien – allen voran die PISA-Studie. Das deutsche Schulsystem wurde daraufhin viel gescholten, einige Verbesserungen konnten in der Zwischenzeit erreicht werden.
Da Bildung Ländersache ist und diese von unterschiedlichen Parteien regiert werden, sind wir weit davon entfernt, in Deutschland vergleichbare Schulabschlüsse zu schaffen. Auch im Bildungsbereich wurde in den letzten Jahren der Rotstift massiv angesetzt.
Fragt man Universitäten und die deutsche Wirtschaft, so sind viele der Studienanfänger oder Auszubildenden den Anforderungen nicht mehr gewachsen. Vor allem die Industrie- und Handelskammer bemängelt fehlendes Grundwissen in Mathematik und anderen Naturwissenschaften, bescheinigt den Schulabgängern große Schwächen im sprachlichen Bereich, z. B. beim Erfassen von Aufgabenstellungen, aber auch das Fehlen von sozialen Kompetenzen. Leichte Aufgaben könnten nicht gelöst werden.[34] [35]

Junge Menschen in den Arbeitsprozess einzugliedern, scheitert sehr häufig an den einfachsten Selbstverständlichkeiten wie Pünktlichkeit, dem zuverlässigen Besuch der Berufsschule und der Achtung vor Mitarbeitern und Lehrausbildern.
Eine Lehrerin, die eine 8. Klasse an einer Hauptschule unterrichtet, erzählte mir neulich, dass ihre Schüler für eine Woche ins Berufspraktikum geschickt wurden. Nach nur einem Tag hatten einige ihrer Schützlinge das Praktikum abgebrochen und sich wieder in der Schule mit der Begründung zurückgemeldet, dass ihnen in den Betrieben nicht der nötige Respekt entgegengebracht wurde und sie nur zu Hilfstätigkeiten herangezogen wurden.

Leider fehlt es darüber hinaus am nötigen Respekt vor den Lehrkräften, leider nicht nur von Seiten der Schüler, sondern auch von Seiten der Eltern. Größte Achtung habe ich vor allen jungen Menschen, die sich für ein Pädagogikstudium entscheiden und anschließend in einer Haupt- oder Mittelschule in einer deutschen Großstadt zum Einsatz kommen.

Dass die Zahl der Abiturienten kontinuierlich steigt, kann man nachvollziehen. Eltern streben die höchstmöglichen Bildungsabschlüsse für ihre Kinder an, wohl wissend, dass eine klassische Berufsausbildung und das Erlernen eines Handwerksberufes nicht unbedingt der Garant für ein sorgenfreies Leben sind. Ihr Sprössling wird es mit einer *„normalen"* Ausbildung wesentlich schwerer haben, die Hürden des Lebens zu meistern.
Die Anforderungen für den Besuch einer höheren Schule werden immer mehr aufgeweicht. In einigen Bundesländern können die Eltern selbst wählen, auf welche Schulart sie ihr Kind nach der Grundschule geben.
Es gibt schon Schulen, an denen die Schüler selbst entscheiden dürfen, ob sie um 8 Uhr oder erst um 9 Uhr zum Unterricht erscheinen.[36]
Zwar führen immer mehr größere Firmen die Gleitzeit ein, aber in den meisten kleinen Handwerksbetrieben ist Pünktlichkeit zwingend erforderlich, denn die Malerkolonne, die zur Baustelle gemeinsam ausrückt, kann nicht warten, bis der Auszubildende ausgeschlafen hat.
Wir brauchen in Deutschland dringend Handwerker und nicht nur Kunsthistoriker, Architekten, Beamte, Anwälte, Sozialpädagogen, Psychologen und Betriebswirtschaftler. Unternehmen suchen Fachkräfte, die den Anforderungen des Berufslebens gewachsen sind und die mit ihrer Arbeitskraft und ihrem Können den Wirtschaftsstandort Deutschland sichern.

Eltern meinen es in der Regel gut mit ihren Kindern, keine Frage. Aber mit ihrem Verhalten tragen sie nicht immer zu deren gesunden Entwicklung bei. Der Begriff der Helikoptereltern hat sich in Deutschland längst durchgesetzt. Sie schweben permanent über ihrem Nachwuchs und haben ständig das Bedürfnis, alle Unwegsamkeiten aus dem Weg zu räumen. Alle Wünsche der Kinder werden erfüllt. Der höchstmögliche Bildungsabschluss wird angestrebt, auch wenn Sohn und Tochter den Anforderungen eigentlich gar nicht gewachsen sind. In diesem Falle sucht man Hilfe bei verschiedenen Nachhilfelehrern und einschlägigen Instituten. In der Regel wird bei mangelnden Leistungen die Schuld auf die Lehrer oder das Lernumfeld geschoben. Schülern, die von Helikoptereltern – in vielen Fällen sind das die Mütter – umkreist werden, bleiben wenige Möglichkeiten, ihre Umwelt zu erforschen und das Leben selbst auszuprobieren. Ihr Tagesablauf ist bis auf die letzte Minute geplant. Gegen schlechte Noten und vermeintlich ungerechte Behandlung wird notfalls mit Hilfe des Familienanwalts geklagt.

Vor allem jüngere Kinder werden mit Spielzeug überhäuft, ihnen soll es an nichts fehlen. Wenn Sie das nächste Mal Urlaub am Strand machen, dann beobachten Sie einmal die Familien mit ihrem minderjährigen Nachwuchs, die meist noch nicht im schulpflichtigen Alter sind. Der Kinderwagen ist vollgepackt mit Spielzeug, angefangen vom Schwimmring, Taucherbrille, Schnorchel, Wasserball und Luftmatratzen bis hin zum Spielzeugauto, Eimer und Schaufel wird alles an den Strand gezerrt. Im naheliegenden Souvenirladen wird täglich noch ein Teil dazugekauft: Wasserpistolen und weiteres unsinniges Zeug stapeln sich Tag für Tag neben dem Nachwuchs. Das meiste findet kaum Beachtung. Früher reichten Eimer und Schaufel und die Kinder waren den ganzen Tag beschäftigt.
Wie schaut es in heimischen Wohnzimmern am Heiligen Abend aus? Jegliche Wünsche werden erfüllt. Mütter und Väter, die Großeltern, Tanten und Onkel überbieten sich gegenseitig darin, das ausgefallenste Geschenk zu machen und schleppen alles heran, was das Kinderherz begehrt. Viele von den Sachen finden zwar anfangs Beachtung, landen aber spätestens nach einer Woche in der Spielzeugkiste im Kinderzimmer. Eltern meinen, alle Forderungen ihrer Sprösslinge erfüllen zu müssen. Kinder müssen aber lernen, dass man sich nicht immer alle Wünsche erfüllen kann.
Hinzu kommen die permanente Reizüberflutung durch Handys, Computerspiele und soziale Netzwerke wie Facebook und Co. Das macht unserem Nachwuchs schwer zu schaffen. Konzentrations- und Sprachstörungen, Unter- oder Übergewicht, Erkrankungen des Bewe-

gungsapparates mangels ausreichender sportlicher Betätigung sind die schwerwiegenden Folgen.
Die vorangegangenen Zeilen betreffen natürlich nicht alle Kinder in unserem Land. Laut aktueller Statistiken ist jedes 5. Kind in Deutschland von Armut bedroht.[37] Diese Kinder lernen frühzeitig verzichten zu müssen. Sie sind oft von sportlicher Freizeitgestaltung ausgeschlossen, da sich die Eltern die Anschaffung der Sportkleidung oder die Beiträge im Sportverein kaum leisten können.
Besonders betroffen sind die Kinder allein erziehender Elternteile - nach wie vor in der Mehrzahl die Mütter. Sie müssen in sehr jungen Jahren auch Verantwortung für die kleine Familie und Aufgaben im Haushalt übernehmen. Urlaub oder Freizeitvergnügen kennen sie kaum.
Die Ankündigung von Finanzminister Wolfgang Schäuble, das Kindergeld im kommenden Jahr um sage und schreibe 2 Euro zu erhöhen, macht mich in diesem Zusammenhang einfach nur sprachlos.[38]
Es gibt leider auch Eltern, die sich längst mit ihrem Leben auf Hartz-IV-Niveau arrangiert haben und wenig Eigeninitiative zeigen, ihren Kindern den Weg in ein besseres Leben zu ebnen. Sie haben schon lange resigniert. Mit diesem Verhalten sind sie kein Vorbild für ihre Kinder.

Schauen wir uns nachfolgend die Schicht der Menschen genauer an, die von Hilfen des Staates abhängig ist und ein Leben am Rande des Existenzminimums führt:
Die jedem Bürger grundsätzlich zustehenden Sozialleistungen müssen aus verschiedenen Sichtweisen betrachtet werden. Selbstverständlich sollte es jedem Bürger in Deutschland möglich sein ein halbwegs menschenwürdiges Leben zu führen. Dennoch müssten dringend Unterschiede zwischen den verschiedenen Gruppen der Leistungsempfänger gemacht werden.
Ein Arbeitnehmer zum Beispiel, der 30 Jahre in die Arbeitslosenversicherung eingezahlt hat und unverschuldet arbeitslos wird, erhält ein Jahr finanzielle Unterstützung. Sollte es ihm bis dahin nicht gelungen sein, eine neue adäquate Arbeitsstelle zu finden, hat er Anspruch auf Hartz IV. Er bekommt es aber nur in dem Fall, dass er kein Vermögen hat. Angenommen, er hat sich in seinen 30 Berufsjahren einen Betrag von 20.000 Euro für das Alter auf die Seite gelegt und

zwei Lebensversicherungen abgeschlossen, dann erhält er keinen Cent. Er muss erst sein *„Vermögen"* - bis auf einen kleinen Restbetrag – ausgeben, bevor er weitere staatliche Unterstützung erhält. Ein anderer aber, der nie sparsam war, keine oder kaum Berufsjahre vorweisen kann, der wenig Interesse zeigt, vom Topf der Sozialsysteme wegzukommen, erhält die staatliche Unterstützung sofort.
Dass die zu uns gekommenen Asylbewerber nach Abschluss ihres Verfahrens in die Sozialsysteme übernommen werden, ist unstrittig. Nehmen wir einmal eine afghanische Familie mit drei Kindern. Sollte es gelingen, den Mann in den Arbeitsprozess einzugliedern und er etwas über dem Mindestlohn verdient, dann hat er mit Lohn und Kindergeld unter dem Strich weniger Geld zur Verfügung, als wenn er Hartz-IV für seine Familie beziehen würde. Er müsste also aufstocken oder Wohngeld beantragen, um finanziell nicht schlechter gestellt zu sein. Dass seine Ehefrau mitarbeitet, ist nicht zu erwarten. Welcher Anreiz sollte für ihn demzufolge bestehen einer sozialversicherungspflichtigen Tätigkeit nachzugehen, wenn er ohne Arbeit die gleichen Leistungen erhält. Arbeit muss sich lohnen, wie viele Politiker fordern!
Arbeitnehmer, die lange Jahre ihren Beitrag für den Bestand der Sozialsysteme geleistet haben, müssen auch aus diesem Grund besser gestellt werden, als Menschen, die sich erfolgreich seit Jahren aus der Verantwortung für die Gemeinschaft, aber auch der Verantwortung für das eigene Leben stehlen oder denen, die bisher nicht ins Sozialsystem eingezahlt haben.
Höchsten Respekt verdienen alle Menschen in Deutschland, die als so genannte Aufstocker täglich ihrer Arbeit nachgehen und nicht längst resigniert haben. Häufig sind alleinerziehende Mütter betroffen. Anreize für Langzeit- oder Mehrfacharbeitslose müssen geschaffen werden, um wieder den Weg in die Beschäftigung zu finden. Hat man größere Lücken in der Erwerbstätigkeit, wird man spätestens mit Eintritt in die Rente wieder zum Sozialfall werden, weil die erforderlichen Rentenpunkte nicht angesammelt werden konnten.
Bei den Beziehern von Sozialleistungen, die keinerlei Interesse zeigen, einen Schul- oder Berufsabschluss zu erlangen und jegliche Arbeitsaufnahme mit den fadenscheinigsten Ausreden verweigern, ist ein konsequentes Durchgreifen des Staates erforderlich. Notfalls müssen Leistungen gekürzt oder gestrichen werden, wenn Fristen

nicht eingehalten, Termine versäumt oder Arbeitsangebote abgelehnt werden. Hilfstätigkeiten gibt es auch für Menschen ohne Schul- oder Berufsabschluss genügend, auch bei den Städten und Gemeinden. Sie müssten entweder zu gemeinnütziger Arbeit herangezogen oder auch in weniger gut bezahlte Branchen vermittelt werden.

Durch vielfachen Betrug am deutschen Sozialsystem geht dem Steuerzahler viel Geld verloren, welches denjenigen zugutekommen könnte, die es wirklich benötigen und die ihre Notlagen ernsthaft überwinden wollen.

Bei einem Urlaub in Dubai lernte ich vor einiger Zeit einen Tunesier kennen, der in dem Hotel als Animateur arbeitete. Erfolglos versuchte er, allein reisende deutsche Touristinnen - egal welchen Alters - davon zu überzeugen, dass er eine gute Partie wäre. Das machte mich neugierig und ich fragte genauer nach. Er erklärte mir, dass er offiziell in Berlin lebe und dort Hartz IV beziehe, eine kleine Wohnung bekäme er ebenfalls bezahlt. Für seine Arbeit als Animateur erhalte er 1.000 Dollar im Monat, zusätzlich bekäme er im Hotel freie Unterkunft und Verpflegung. Auf meine Frage, ob er nicht Befürchtungen hätte, dass sein Betrug auffliegen könnte, schaute er mich vollkommen sprachlos an, er empfand das keineswegs als Unrecht. Wenn ihn das Amt vorladen würde, was relativ selten geschehe, dann könne er jederzeit schnell mal *„nach Hause"* fliegen, weil sein Arbeitgeber ihm 4 Heimflüge pro Jahr bezahlt oder er melde sich beim Sozialamt telefonisch krank. Ein Freund in Berlin, der gerade in seiner Wohnung lebt, würde ihn über Post vom Amt informieren. Auf meine Frage, warum er denn so dringend eine deutsche Frau suche, erklärte er, dass er sich nicht sicher wäre, ob seine Aufenthaltsgenehmigung noch einmal verlängert würde. Mit einer deutschen Frau, die er sofort heiraten würde, dürfte er sicher dauerhaft in Deutschland bleiben. Er hatte keinerlei Schuldgefühle und fand das absolut in Ordnung, dass er den deutschen Staat und somit die Steuerzahler auf kriminelle Art und Weise betrügt. Ich ärgere mich heute noch, dass ich mir den Namen des Animateurs nicht aufgeschrieben habe. Dies ist sicher nur ein Einzelfall, werden viele denken, für mich persönlich ist es einer von vielen Einzelfällen und jeder ist einer zu viel.

Schauen wir uns weitere „*Einzelfälle*" an. Gehen wir nach Gelsenkirchen, wo bekannt ist, wie bulgarische und rumänische Zuwanderer das deutsche Sozialsystem mit Hilfe krimineller Geschäftemacher skrupellos ausnutzen.[39] Zuwanderer aus europäischen Ländern erhalten in Deutschland Sozialhilfe, wenn sie nachweisen, dass sie sich in Deutschland um Arbeit bemühen. Es reicht aber auch, einen Minijob vorzuweisen, um Aufstockung und Kindergeld in unserem Land zu beziehen. Sie werden dort in heruntergekommenen Wohnungen untergebracht, erhalten einen möglicherweise fingierten Arbeitsvertrag und wandern - meist ohne ein Wort Deutsch zu sprechen aber mit vorbildlich ausgefüllten Anträgen - zu den Sozialämtern, um die entsprechenden Leistungen einzufordern. Hier ist der Fall zwar besonders gravierend, dennoch ist durchaus von der Tatsache auszugehen, dass es diese Fälle zu Tausenden in Deutschland gibt. Viele Zuwanderer aus Europa melden Kleingewerbe, z. B. als Hausmeisterservice, Schlüsseldienst oder Abfallentsorger an, wohl wissend, dass sie damit ihren Lebensunterhalt nicht bestreiten können. Das Gewerbe ermöglicht ihnen den Zugang zu den Sozialsystemen und sie erhalten die entsprechenden Leistungen.[40]

Mir ist bewusst, dass viele Menschen, die zu uns kommen, ihre persönliche Lebenssituation aufbessern wollen. Ihre verzweifelte Lage ist durchaus nachvollziehbar, aber wir können nicht länger akzeptieren, dass wir mit unseren Steuern und Sozialversicherungsbeiträgen für den Unterhalt der Zuwanderer aus Europa aufkommen müssen. Hier sind die Verantwortlichen aus Brüssel gefragt. Die eingewanderten Europäer - meist aus den osteuropäischen Staaten – werden fast ausnahmslos in die gesetzlichen Krankenkassen aufgenommen. Die Mehrkosten für ihre medizinische Behandlung fallen den Beitragszahlern der Pflichtversicherungen zur Last.

Warum sorgen wir mit entsprechenden Gesetzen nicht umgehend dafür, dass Zuwanderung nur erfolgen kann, wenn diese Menschen ihren Lebensunterhalt selbst bestreiten können? Es ist Betrug am Steuerzahler in Deutschland und wird weitgehend von unserer Regierung, aber auch den Politikern in Europa toleriert.

Ähnliche Probleme haben alle Länder, die über vergleichbare Sozialsysteme verfügen. Die Bürger dieser Länder zahlen einen hohen Preis für das geeinte Europa. Das Geld fehlt in unseren Kassen und die Bürger, die in Deutschland unverschuldet in Not geraten sind, könnten es ebenfalls dringend brauchen, um ihre Notlagen zu überwinden.

Der Staat bedient sich großzügig an den Geldern der Beitragszahler für die Pflichtversicherungen, die diese Abgaben ja nicht freiwillig entrichten, sondern per Gesetz dazu gezwungen werden. Für Sprachkurse für Flüchtlinge wurden 300 Millionen Euro aus der Rücklage der Arbeitslosenversicherung entnommen. Das ist ungeheuerlich! Selbstverständlich müssen Flüchtlinge umgehend Sprachkurse erhalten, aber dafür das Geld der Beitragszahler herzunehmen und dies nicht aus allgemeinen Steuermitteln zu finanzieren, ist unverantwortlich.[41] Erschwerend kommt in diesem Fall hinzu, dass kaum überprüft wurde, ob die Anbieter der Sprachkurse die entsprechende Qualifikation vorweisen konnten. Darüber hinaus wurde nur unzureichend kontrolliert, ob die Teilnehmer die Sprachkurse regelmäßig besucht bzw. abgeschlossen haben. Das war laut Aussagen der Anbieter des Öfteren nicht der Fall.

1,5 Millionen Menschen werden nach Aussagen der Tafeln in Deutschland mit Lebensmitteln und täglichem Bedarf versorgt.[42] Jeder kann sich selbst in die Lage versetzen, wie beschämend und diskriminierend es für die Ärmsten der Armen sein muss, sich in die Schlangen einzureihen und auf die Ausgabe der Lebensmittel zu warten.
Aufgabe des Staates wäre es in erster Linie, sich intensiv mit dem Thema Armut in Deutschland auseinanderzusetzen und dringend Abhilfe zu schaffen. Stattdessen wälzt man das Problem in Deutschland auf die privaten und caritativen Einrichtungen ab und lässt von den Sozial- und Arbeitsämtern Berechtigungsscheine für die Tafeln ausstellen. Die Bundesregierung stiehlt sich seit Jahrzehnten erfolgreich aus der Verantwortung für die sozial Benachteiligten in Deutschland.

Wie der Staat die Bevölkerungsschicht vernachlässigt, die mit wenig Geld im Monat auskommen muss, kann man besonders gut im sozialen Wohnungsbau beobachten. Unzählige Immobilien wurden vor allem von den Kommunen in den letzten Jahrzehnten am Wühltisch

verramscht, die man durchaus dem sozialen Wohnungsbau hätte zuführen können.
Kommunale und private Wohnungsbaugesellschaften können sich vor Zulauf in Deutschland kaum retten, hier gibt es teilweise Wartelisten von mehreren Jahren. Sie sind ein absolutes Erfolgsmodell und es ist mir unbegreiflich, warum sie nicht konsequent gefördert werden. Da Wohnungsbaugesellschaften nicht gewinnorientiert, sondern kostendeckend arbeiten, besteht keine Gefahr, dass mit den Immobilien spekuliert wird, um den höchsten Gewinn aus Vermietung oder Verkauf zu erzielen.
Viele Kommunen haben allerdings in den vergangenen Jahrzehnten ihre Immobilen verfallen lassen und sie letztendlich verkauft, um ihre tief in den roten Zahlen stehenden Konten auszugleichen.

Die österreichische Landeshauptstadt Wien investierte im Jahr 2013 in den sozialen Wohnungsbau mehr Geld als der gesamte deutsche Staat.[44] Der Stadt gehören mehr als 220 000 Wohnungen und hier denke ich keineswegs an den so genannten Gemeindebau mit Gemeinschaftsküche und -toilette auf dem Gang.[43] Laut Bundesbauministerium sank die Zahl der Sozialwohnungen in Deutschland von 2,4 Millionen im Jahr 2002 auf 1,5 Millionen im Jahr 2013.[45]
Das Bauen von Wohnungen kann in Deutschland gar kein Verlustgeschäft sein, warum hat sich hier der Staat aus der Verantwortung geschlichen. Die Immobilienbranche boomt, Makler und Bauunternehmen verdienen sich eine goldene Nase, aber nicht ausschließlich mit Luxusimmobilien, sondern mit Wohnraum für den Durchschnittsbürger.
Wohnen muss für jeden in Deutschland bezahlbar sein. Und wer fleißig arbeiten geht und monatlich keinen hohen Lohn bezieht, sollte sich trotzdem sein kleines zu Hause leisten können.

Kommen wir nun zu der Gesellschaftsschicht in Deutschland, der es noch etwas besser geht, die aber zunehmend mehr unter Druck gerät: Die deutsche Mittelschicht.
Guido Westerwelle sagte einmal: *„Die sozialste Politik ist immer noch, Mittelstand und Mittelschicht zu stärken, denn das schafft Wohlstand für alle."* [46]

In Deutschland schaut es leider ganz anders aus. Der deutsche Mittelstand ist die Melkkuh der Nation. Unsere Politiker greifen unablässig in die Taschen des Bürgers der Mittelschicht. Betrug ihr Anteil an der Bevölkerung vor einigen Jahren noch 64 Prozent, so sind in den letzten Jahren ca. 6 Prozent herausgefallen. Sie wurden aber nicht reicher, sie wanderten in die Armut. Vor allem Familien mit zwei und mehr Kindern leben zunehmend am Rande des Existenzminimums, wenn das Einkommen des Hauptvernährers an die untere Einkommensgrenze heranreicht.[47]

Unter Schröder wurde der Spitzensteuersatz von 53 auf 42 Prozent gesenkt. Der Mittelstand musste für die fehlenden Milliarden im Staatshaushalt aufkommen.

Mit den Gesetzen der Agenda 2010 unter Rot-Grün sollten die Arbeitslosenzahlen gesenkt werden. Die umgesetzten Maßnahmen versprachen anfangs Erfolg, die Arbeitsbedingungen für Arbeitnehmer verschlechterten sich jedoch zunehmend mehr. Es gab und gibt immer mehr Leiharbeit, Werksverträge, befristete Arbeitsverträge und so genannte Minijobs.

Bei der Suche nach Jobangeboten auf der Internetseite der Agentur für Arbeit findet der Betrachter auch für qualifizierte bzw. hochqualifizierte Tätigkeiten fast ausschließlich nur noch freie Arbeitsplätze bei Leih- und Zeitarbeitsfirmen. Seit der Agenda 2010 schossen die Firmen, die Zeit- und Leiharbeit vermitteln, wie Pilze aus dem Boden. Unsere Mittel- und Großbetriebe nehmen sehr gerne ihre Dienstleistungen in Anspruch, können sie sich doch dadurch der sozialen Verantwortung für ihre Mitarbeiter entziehen. Für den Fall, dass die Auftragslage der Firmen stagniert oder zurückgeht, kann man sich dieser Mitarbeiter leicht wieder entledigen. Die Leih- und Zeitarbeiter werden oft zu wesentlich schlechteren Bedingungen beschäftigt.

Der Gesetzgeber versucht durch entsprechende Maßnahmen, die Arbeitsbedingungen für die Beschäftigten zu verbessern, mit konkreten Vorschlägen der Ausbeutung Einhalt zu gebieten und den gleichen Lohn zu fordern wie für die fest angestellten Kollegen. Dennoch haben diese Arbeitnehmer oft keinen Anspruch auf Betriebsrenten und Fahrtkosten. Zudem erhalten sie in vielen Fällen nur den gesetzlich festgelegten Mindesturlaub von 20 Tagen.

Besonders bei Menschen, die in Leiharbeit feststecken oder befristete Arbeitsverträge erhalten, schwebt immer die Angst vor Arbeitslosigkeit im Hintergrund. Sie haben Existenzängste und das oft über etliche Jahre hinweg. Eine vernünftige Planung ihrer Zukunft und vor allem die Vorsorge fürs Alter werden unmöglich gemacht. Haben sie sich einen Notgroschen angespart, müssen sie den bei längerer Arbeitslosigkeit erst aufbrauchen, bevor sie Hilfe vom Staat erwarten können.

Auch der Staat, die Länder und die Kommunen stehlen sich aus der Verantwortung für ihre Mitarbeiter. Das fängt damit an, dass Fremdfirmen die Reinigung der öffentlichen Gebäude übernommen haben und endet damit, dass Privatfirmen – selbst in so sensiblen Bereichen, wie im Sicherheitsbereich am Flughafen – beauftragt werden, die Personen- und Gepäckkontrollen durchzuführen.

Es gibt sie kaum noch, die herzlichen Putzfrauen, die die Grundschulen am Nachmittag liebevoll pflegen. Heute sausen in fast allen öffentlichen Gebäuden Kolonnen von Fremdfirmen durch die Räume, die in einem Drittel der Zeit mit der Hälfte der Leute das Gleiche schaffen müssen.

Viele Hochschulabsolventen beklagen, dass man ihnen nach Abschluss ihres Studiums nur Praktikantenstellen anbietet. Mit der Aussicht auf einen Vertrag werden diese Mitarbeiter oft schamlos ausgenutzt, obwohl sie dieselbe Arbeit erledigen, wie ihre fest angestellten Kollegen.

Ein Unternehmer kann die größten Visionen haben und die besten Produkte herstellen. Ohne qualifizierte und motivierte Mitarbeiter sind seine Ideen nichts wert. Dafür muss er in seinem Unternehmen die Bedingungen so gestalten, dass die Beschäftigten mit Engagement und großem Eifer bereit sind, an diesen Zielen zu arbeiten.

Ältere Arbeitnehmer schwärmen häufig von früheren Zeiten. Gut, der Deutsche jammert in der Regel gerne und viel, aber wenn man den Worten aufmerksam lauscht, dann hört man schnell heraus, dass sich diese Arbeitnehmer mit ihrer Firma identifiziert haben. Das gibt es vielleicht nur noch bei den Autobauern.

Heute holen sich die Firmen Unterstützung bei Unternehmensberatern nach amerikanischem Vorbild. Da geht es um Prozess- und Gewinnoptimierung, die Arbeitnehmer bleiben oft auf der Strecke. Weniger Mitarbeiter erledigen mehr Arbeit, immer die Angst um den Verlust des Arbeitsplatzes im Genick. Ständiger Termindruck, die Erwartung des Chefs Tag und Nacht erreichbar zu sein, notfalls seinen Urlaub abzubrechen, solche Arbeitsbedingungen führen zu Burnout und weiteren Erkrankungen. Arbeiten macht in vielen Fällen keinen Spaß mehr, Arbeit macht oft krank.

Die Löhne in Deutschland sind seit Jahren konstant geblieben und wurden nur minimal erhöht. Bei den Mindestlöhnen liegen wir an letzter Stelle bei den westeuropäischen Ländern. Belgien, die Niederlande, Frankreich, Großbritannien, Irland und Luxemburg haben höhere Mindestlöhne als in Deutschland, im Schnitt zwischen 9,10 EUR und 11,12 EUR.[48]

Nicht nur die Arbeitnehmer profitieren vom Mindestlohn. Höhere Löhne verhelfen dem Staat zu Mehreinnahmen bei Steuern und Sozialabgaben und sie verringern die Ausgaben bei Sozialleistungen, z. B. bei den Arbeitnehmern, die mit Hartz-IV aufstocken müssen.

Die Mittelschicht stützt unsere Sozialkassen, ohne ihre Beiträge wäre das System längst kollabiert. Warum aber wurden die Beitragsbemessungsgrenzen in der Kranken- und Rentenversicherung nicht längst abgeschafft? Kann man von einem Sozialstaat sprechen, wenn sich Besserverdienende aus der sozialen Verantwortung stehlen können und ihr Einkommen nur bis zur Höchstgrenze mit Abgaben belastet wird?

Tariferhöhungen, die durch die Gewerkschaften durchgesetzt wurden, werden in der Regel durch Erhöhung der Gebühren, Abgaben und allgemeinen Preise wieder aufgefressen. Zum Beispiel sind die Krankenkassenbeiträge gestiegen und werden wohl auch in Zukunft wieder kräftig angehoben.

Haben Sie schon einmal erlebt, dass Ihre Beiträge zur Kfz-Versicherung gesunken sind? Die steigt Jahr für Jahr an, wenn Sie nicht aufpassen und den Anbieter oder den Tarif wechseln. Einige Banken, die bisher kostenlose Girokonten angeboten haben, planen Gebühren dafür einzuführen, andere haben es schon durchgesetzt. Kaum hat man seinen Handyanbieter aus Kostengründen gewechselt, werden anderswo die Gebühren oder Preise wieder erhöht. Unterm

Strich zieht sich das durch alle Bereiche und es bleibt Ihnen trotz Lohnerhöhungen nicht mehr in der Tasche, vielleicht sogar weniger!

Der vom Bund der Steuerzahler ins Leben gerufene symbolische Tag, der aufzeigen soll, wie der deutsche Steuerzahler mit Steuern und Sozialabgaben belastet ist, war im Jahr 2016 der 12. Juli. Der Durchschnittsbürger muss demzufolge mehr als die Hälfte des Jahres für den Staat arbeiten, bevor er das Geld in seine eigenen Taschen erwirtschaften kann.[49] Ich warte übrigens noch immer darauf, dass meine Steuererklärung auf einen Bierdeckel passt, wie uns das einmal versprochen wurde.[50]

Die deutsche Wirtschaft jammert permanent, dass ihnen die Fachkräfte fehlen. Hat man sich eigentlich ernsthaft Gedanken darüber gemacht, warum ausländische Fachkräfte nicht nach Deutschland kommen wollen? Das liegt wohl auch an den hohen Steuern und Sozialabgaben und den mit anderen Industrienationen vergleichbaren niedrigen Löhnen für hochqualifizierte Arbeitnehmer. Im Gegenteil, wer als Deutscher gut qualifiziert ist und keine großen Bindungen an unser Land hat, wandert wohl eher in andere Staaten ab. Deutsche Fachkräfte sind im Ausland sehr beliebt.

Wo sind unsere Gewerkschaften, wo die Industrie- und Handelskammern, zu deren Mitgliedschaft ein Unternehmer in Deutschland gezwungen wird? Sind sie längst zum Spielball der Politik geworden? Wann treten sie endlich vehement für die Interessen des deutschen Mittelstandes ein? Wie wäre es einmal mit einem bundesweiten Generalstreik des deutschen Mittelstandes, um auf die unhaltbaren Zustände aufmerksam zu machen?

Der Mittelstand ist die Stütze der gesamten Gesellschaft. Doch der schaut phlegmatisch dem ganzen Treiben der Politik zu. Dem Mittelstand verdankt Deutschland seinen Wohlstand, nicht den Superreichen, die schöpfen nur ab. Wenn sich diese Entwicklung weiter fortsetzt und immer mehr Menschen aus der Mittelschicht herausfallen, dann sind nicht nur die Sozialsysteme in ihrer Existenz bedroht, die Stimmung in der Republik wird weiter kippen. Das müssten Politiker, Gewerkschaften und Verbände längst erkannt haben und endlich geeignete Maßnahmen ergreifen, um die soziale Ungerechtigkeit zu beseitigen.

Den Reichen und Superreichen in der Bevölkerung gehören 10 Prozent des gesamten Vermögens. Man mag nun denken, dass die zweite Hälfte auf die anderen Schichten in der Bevölkerung verteilt ist. Doch leider falsch, denn 50 Prozent der Bevölkerung besitzt de facto so gut wie nichts.

Groß war der Aufschrei in Deutschland nach der Veröffentlichung der Panama-Papers. Wurde nicht auch mehrmals davon berichtet, dass der deutsche Fiskus CDs gekauft hat, mit deren Hilfe er diverse Steuerbetrüger überführen könnte? Doch bis heute wartet der Bürger auf die Bekanntgabe weiterer Namen und Details.

Reiche stehlen sich gerne aus der Verantwortung und versuchen mit verschiedensten Tricks, ihr Geld am Fiskus vorbei ins Ausland zu schaffen. So genannte Bank- und Anlageberater waren bzw. sind ihnen dabei gerne behilflich.

Hin und wieder werden Fälle von Steuerhinterziehung aufgedeckt. Dann wandert auch mal ein Uli Hoeneß hinter Gitter oder eine Alice Schwarzer muss kräftig Steuern nachzahlen und eine ordentliche Strafe wird noch oben draufgelegt.[51] [52]

Bei der Veröffentlichung der jährlichen Gehälter und Boni der Manager der größten deutschen Unternehmen wird einem schwindlig. Das sind Einnahmen, die mancher Arbeitnehmer nicht einmal im Laufe von 45 Berufsjahren auf seinem Konto verbuchen konnte.

Die Vermögenssteuer wurde in Deutschland abgeschafft. Der Spitzensteuersatz wurde um 11 Prozent gesenkt. Der Gesetzgeber hofft, dass man damit die Großunternehmer in Deutschland halten kann und Arbeitsplätze gesichert werden. Hier bestehen meinerseits große Zweifel, denn ein Unternehmer wird dennoch ins Ausland gehen, wenn er hier höhere Gewinne erwarten kann. Außerdem wissen sie sehr wohl die relativ gute Infrastruktur und die hervorragend ausgebildeten Fachkräfte zu schätzen. Diese Vorzüge finden sie in Billiglohnländern eher nicht.

Reiche müssen keinen Beitrag für die Sozialkassen leisten. Sie brauchen weder in die gesetzliche Rentenkasse, noch in die Krankenkassen einzuzahlen. Das wird dem Mittelstand, aber vor allem den Arbeitnehmern überlassen, die einer sozialversicherungspflichtigen Tätigkeit nachgehen.

Die Situation der gesetzlichen Rentenversicherung wird von einigen Fachleuten als dramatisch beschrieben. Zurzeit geht es den deutschen Rentnern und vor allem den Pensionären noch halbwegs gut. Und es sei ihnen von ganzem Herzen gegönnt. Sie haben schließlich ein Leben lang gearbeitet und sollen ihren wohlverdienten Ruhestand in vollen Zügen genießen.
Leider sieht die Zukunft der kommenden Rentnergenerationen nicht rosig aus. Die ständig geführten Diskussionen, dass die Jungen für die Alten die Renten erarbeiten müssen, finde ich unerträglich. Das mag zwar durch die Umlagefinanzierung so sein, aber ich sehe das anders. Denn die Alten haben 40 und mehr Jahre Beiträge gezahlt und sich damit ihre Renten selbst verdient. Die von vielen Politikern und Rentenexperten geführten diesbezüglichen Debatten und der Keil, der zwischen Jung und Alt getrieben wird, sind unverantwortlich.
Das Wertvollste, was ein einfacher Arbeiter oder Angestellter in seinem Leben erwerben kann, sind seine Rentenansprüche. Nach einem erfüllten Arbeitsleben, in dem er vom Staat geschröpft und ausgenommen wurde, muss ein Leben in Würde und finanzieller Sicherheit möglich sein!
Nun haben sich einige Parteien vor der Bundestagswahl ausgerechnet dieses Thema auf die Fahnen geschrieben. Im Jahre 2016 gab es eine üppige Rentenerhöhung, um diese Wählergruppe wieder etwas zu beschwichtigen, nachdem es viele Jahre so genannte Nullrunden oder nur minimalste Rentenerhöhungen gab, die nicht einmal die Höhe der jährlichen Inflation ausglichen.
Großzügig wurde die Rente mit 63 eingeführt, nachdem ein Arbeitnehmer nach 45 Berufsjahren ohne Abschläge in Rente gehen kann. Doch parallel zur Anhebung des Rentenalters auf 67 Jahre wird die Rente mit 63 schrittweise auf 65 Jahre angehoben. Schon wenige Wochen nach den Rentenerhöhungen im Jahr 2016 wurde aus Wirtschaftskreisen oder von der Deutschen Bundesbank gefordert, das Rentenalter auf 69 und dann stufenweise auf 73 Jahre anzuheben.[53]
[54]
Eine Erhöhung des Renteneintrittsalters ist eine Rentenkürzung – nichts anderes. Der Bauarbeiter wird nicht bis 69 den Zementsack schultern, er wird früher in den Ruhestand gehen und somit enorme Abzüge in Kauf nehmen müssen.

Liest man die Bundestagsdebatten der vergangenen Jahrzehnte, so wird vor dem so genannten demographischen Wandel schon immer gewarnt. Permanent wird uns vermittelt, dass es immer wenige Junge gibt, die für die Renten aufkommen müssen.
Wie passt das aber mit den Mehreinnahmen des Staates durch die Lohnsteuer zusammen? Die Löhne stagnieren seit Jahren, die Arbeitslosenquote ist stabil und trotzdem freut sich Herr Schäuble über Milliarden Mehreinnahmen, auch durch die Lohnsteuer. Und wenn die Lohnsteuer steigt, müssten doch auch die Einnahmen der Krankenkassen und der Rentenversicherung parallel dazu steigen? Wo liegt hier der Rechenfehler?

Beamte erhalten im Falle von Berufsunfähigkeit nach 5 Dienstjahren eine Mindestpension von knapp 1.600 Euro, ein Betrag, den viele sozialversicherungspflichtige Arbeitnehmer nicht einmal nach 45 Berufsjahren erreichen. Nach 40 Dienstjahren haben sie Anspruch auf ca. 71 % ihrer letzten Bezüge. [55]
Beamte führen in der Diskussion als Entschuldigung gerne an, dass sie weniger verdienen würden als Angestellte. Falsch! Entscheidend ist doch, was unterm Strich rauskommt. Wer schaut schon auf seinen Bruttoverdienst, es interessiert nur, was Netto auf dem Konto ankommt. Und da Beamte keine Sozialabgaben zahlen müssen, sind dies Monat für Monat einige hundert Euro mehr als ein Angestellter. Auf ein Arbeitsleben von ca. 35 Jahren hochgerechnet, entspricht das dem Wert einer kleinen Eigentumswohnung in einer mittelgroßen Stadt. Wenn Sie alle diese Argumente einem Beamten vorlegen und er Ihnen nicht mehr widersprechen kann, bekommen sie meist zur Antwort: *„Dann hättest Du eben auch Beamter werden müssen!"*
Denke ich aber zum Beispiel an einen Beamten der Bundespolizei, der sich beschimpfen und angreifen lassen muss, der jeden Tag seinen Kopf für unsere Sicherheit hinhält, dann hat er diese Versorgung auch verdient. Es geht mir nicht darum, dem Beamten seine Besoldung streitig zu machen, es geht um die soziale Ungerechtigkeit in Deutschland. Denn für die Menschen, die nicht nur die Pensionen, sondern auch die Gehälter der Beamten Tag für Tag erwirtschaften, die also den Mehrwert in Deutschland schaffen und das produzieren, was wir verbrauchen und in den Export schicken, muss die Rente genauso zum Leben reichen, wie die Pension der Beamten.

Dass sich an dieser ungerechten Situation so bald etwas ändert, wage ich zu bezweifeln, wenn man an die Zusammensetzung des Deutschen Bundestages nach Berufsgruppen denkt. Da in nicht allzu langer Zeit die Zahl der Pensionäre höher sein wird, als die Zahl Beamten, die noch im Dienst stehen, stelle ich mir die Frage, ob die Bundesregierung hier ausreichend Rücklagen gebildet hat, ich fürchte nicht.

Gregor Gysi sagte am 1. März 2013 im Deutschen Bundestag:
„*Wer heute in Rente geht und 40 Jahre ununterbrochen gearbeitet hat, nie arbeitslos war, muss pro Stunde 10,80 Euro verdient haben, um das Grundsicherungsniveau von 707 Euro zu erreichen.*"
„*Wir müssen die ganze prekäre Beschäftigung, den Niedriglohnsektor, die Aufstockerei, die Leiharbeit, den Missbrauch der Werkverträge und die befristete Beschäftigung endlich überwinden. Anders können wir die Altersarmut nicht wirksam bekämpfen.*"[56]
Das Wirtschafts- und Sozialwissenschaftliche Institut der Hans-Böckler-Stiftung schreibt in seinem Report Nr. 28 1/2016 – Ein Jahr Mindestlohn in Deutschland – Erfahrungen und Perspektiven: „*Nach Berechnungen des Bundesministeriums für Arbeit und Soziales (BMAS) wäre bei einer wöchentlichen Arbeitszeit von 38,5 Stunden und 45 Versicherungsjahren im Jahr 2015 ein Stundenlohn von rund 11,50 EUR erforderlich, um im Alter eine Rente oberhalb der Grundsicherung zu erzielen.*" [57]
Das entspricht einem Bruttolohn von ca. 1.800 Euro und mit diesem Einkommen zählt man in Deutschland schon zum Mittelstand.

Warum wird die Beitragsbemessungsgrenze in der Rentenversicherung nicht endlich abgeschafft? Warum soll das Einkommen von wirklich sehr gut Verdienenden nicht auch zur sozialen Absicherung der weniger gut Verdienenden herangezogen werden? Das ist in unseren Nachbarstaaten so üblich, da gibt es diese Grenze nicht. Schließlich sind wir ein Sozialstaat, wie unsere Politiker bei sämtlichen Diskussionen gerne betonen.
Die Altersarmut in Deutschland ist bekannt, Untersuchungen wurden in Auftrag gegeben, unzählige Bücher und Studien sind dazu verfügbar, doch Konsequenzen werden seit Jahrzehnten keine gezogen. Viele ältere Menschen nehmen ihr Recht gar nicht in Anspruch Leistungen zur Grundsicherung zu beantragen, weil ihre Hemmschwelle

zu hoch ist. Für sie wäre es demütigend, auch andere Hilfe anzufordern und beispielsweise das Angebot der Tafeln zu nutzen.

Man begründet Eingriffe ins Rentensystem damit, dass die Menschen immer älter werden. Ich habe allerdings große Zweifel, dass sich dieser Trend fortsetzen wird, denn wenn immer mehr Menschen in Altersarmut leben, wird sich diese Entwicklung umkehren, da Sorgen bekanntlich krank machen.

Fast eine Million Rentner in Deutschland gehen weiter arbeiten, meist in einem so genannten Minijob. Das machen sie nicht hauptsächlich, weil ihnen langweilig ist, sondern weil ihnen das Geld zum Leben nicht reicht. Ihre Zahl steigt immer weiter an, in den letzten zehn Jahren um ca. 300 000. Die Zahl der über 75-jährigen, die nach wie vor arbeiten gehen, hat sich sogar verdoppelt, weil vermutlich diesen Menschen die finanziellen Reserven langsam ausgehen.[58]

Vor allem Frauen sind von Altersarmut betroffen, weil sie im Schnitt noch immer viel weniger verdienen, als ihre männlichen Kollegen. Deutschland erreicht übrigens im EU-Vergleich das schlechteste Ergebnis der Unterschiede bei den Löhnen zwischen Frauen und Männern.[59]

Die allein erziehende Verkäuferin, die knapp über dem Mindestlohn verdient und einige Jahre in Teilzeit gearbeitet hat, wird trotz Anrechnung der Kindererziehungszeiten im Alter zum Sozialfall werden. Die Lage, in die unsere Regierungen der letzten Jahrzehnte - ob schwarz, gelb, rot oder grün – die zukünftigen Rentner hineinmanövriert haben, ist unverantwortlich. *„Die Rente ist sicher!"*, dieser legendäre Satz von Norbert Blüm aus dem Jahre 1986, als er das Amt des Bundesministers für Arbeit und Soziales bekleidete, gilt schon lange nicht mehr.[60]

Altersarmut ist nicht die Schuld des fleißigen Arbeiters. Sie ist ein Beweis für das Versagen des Staates und eine grobe Verletzung der Fürsorgepflicht aller Verantwortlichen gegenüber seinen Bürgern. Altersarmut entsteht nicht von heute auf morgen, doch unsere Politik hat es bis heute nicht geschafft, dieser dramatischen Entwicklung wirksam entgegenzusteuern.

Wussten Sie übrigens, dass sich der Staat permanent an den Beiträgen der Rentenversicherung vergreift und damit die so genannten versicherungsfremden Leistungen bezahlt? In der Broschüre der

Deutschen Rentenversicherung für Spätaussiedler habe ich folgende Zeilen gefunden: *„Nach dem Fremdrentengesetz werden Ihnen auch Rentenbeiträge, die Sie in Ihrem Herkunftsland gezahlt haben, angerechnet – und zwar dann, wenn Sie diese zu einer vergleichbaren gesetzlichen Rentenversicherung wie in Deutschland entrichtet haben und diese dort verblieben sind."* [61]
Spätaussiedler erhalten bei Nachweis von 40 Jahren versicherungspflichtiger Tätigkeit in Russland oder einem zur ehemaligen Sowjetunion gehörender Staaten eine Rente in Höhe der Grundsicherung, ohne einen Cent in die Deutsche Rentenversicherung eingezahlt zu haben. Selbstverständlich sollen unsere Landsleute auch in Deutschland versorgt werden, aber sie mit dem Geld der Beitragszahler zur Rentenkasse zu bedienen und nicht aus allgemeinen Steuermitteln, die auch von Politikern, Beamten und Selbstständigen aufgebracht werden, ist nicht gerecht.

In der Broschüre kann man weiter lesen: *„Wenn Sie ins Ausland verziehen – Bei einem Verzug in einen Mitgliedsstaat der EU beziehungsweise nach Lichtenstein, Norwegen, Island oder in die Schweiz ist die deutsche Rente in Höhe der Inlandsrente weiterzuzahlen – also einschließlich der Leistungsanteile aus Fremdzeiten."*

Das bedeutet: Ein Spätaussiedler kann nach Deutschland kommen und obwohl er nie in Deutschland gearbeitet und in die Rentenversicherung eingezahlt hat, hier eine Rente beantragen und dann seinen Lebensabend z. B. in Bulgarien verbringen.

Kennen Sie das Deutsch-Israelische Rentenabkommen aus dem Jahr 1980? In diesem Gesetz wurde beschlossen, dass sich israelische Staatsbürger rückwirkend bis zum Jahr 1956 in die deutsche Rentenversicherung mit den sehr geringen Mindestbeiträgen einkaufen konnten und dann Anspruch auf die hohen deutschen Renten hatten bzw. haben.[62] Hier wurde keineswegs nur an die Verfolgten des NS-Regimes und Holocaust-Überlebenden gedacht, nein alle Israelis, auch welche, die niemals in Deutschland gelebt hatten oder die arabischen Bewohner in Israel waren mit eingeschlossen. Und wenn nicht unzählige Betrugsfälle aufgedeckt worden wären, hätte das in Deutschland wahrscheinlich kaum Beachtung gefunden. Eigentlich ist das ungeheuerlich, die Bürger eines fremden Staates konnten sich in unsere Rentenversicherung billig einkaufen.[63]

Ca. ein Drittel entnimmt der Staat der Rentenkasse und zahlt damit die versicherungsfremden Leistungen. Das sind z. B. Kriegsfolgelasten, Auslandsrenten, Ausgleichszahlungen usw. Diese politischen Zahlungen müssen aus dem Bundeshaushalt und nicht aus der Rentenkasse beglichen werden. Die Rentenkassen müssen ausschließlich den Beitragszahlern zur Verfügung stehen.[64]
Mehrere Vereine in Deutschland versuchen gegen diese unhaltbaren Zustände vorzugehen. Sämtlichen etablierten Parteien ist bekannt, dass der Staat die genannten Leistungen aus der Rentenversicherung bestreitet. Bemühungen der Vereine, Unterstützung durch die Parteien und Verbände zu erhalten und den Betrug am Beitragszahler zu beenden, laufen allerdings seit Jahren ins Leere.
Die so genannte Riester-Rente, die sich in der Regel nur Besserverdienende leisten konnten und Angestellte, denen der Arbeitgeber einen Zuschuss gewährt, ist gescheitert. Sozialhilfeempfänger wurden ausgeschlossen, Geringverdiener können sich die Beiträge nicht leisten.
Der Staat hat den Versicherungen zusätzliche Einnahmequellen verschafft, indem er die Ängste der Menschen vor Armut im Alter schürte. Die Medien, die bereitwillig und unkritisch die Äußerungen der Politiker aufgriffen und sich aktiv an der Rentendiskussion beteiligten, spielten leider keine besonders gute Rolle. Man schob den *„Schwarzen Peter"* dem Bürger zu und gab unverhohlen zu verstehen, dass er allein die Schuld daran trägt, wenn er nicht ausreichend für sein Alter sorgt. Welchen Zweck erfüllt dann noch die staatliche Rentenversicherung?
Diejenigen, die ein Leben lang erwerbstätig waren und über ein gutes bis mittleres Einkommen verfügten, würden finanziell ohnehin besser dastehen, wenn sie sich die Beiträge für die Rentenversicherung unters Kopfkissen gelegt hätten.
Ausgerechnet die rot-grünen Regierungen beschlossen Rentenreformen, die verstärkt zu Altersarmut führen werden. Die normale Rente sinkt immer mehr auf das Niveau der Sozialhilfe. Wie aber soll der Bürger Vorsorge fürs Alter betreiben? Lebensversicherungen erwirtschaften keine Rendite mehr, Riester-Verträge sind unsicher, Bank- und Sparguthaben bringen keine Zinsen, Betriebsrenten sind in Gefahr. Investieren in Aktien und Anleihen? Der Bürger hat spätestens mit der Finanzkrise und den Turbulenzen um die Banken sein Ver-

trauen in die Geldhäuser verloren. Ein riesiges Dilemma, in dem wir Bürger da stecken!

Wer eine Riester-Rente erhält, muss darauf die vollen Kranken- und Pflegeversicherungsbeiträge in Höhe von derzeit knapp 20 Prozent bezahlen. Außerdem wird die Rente bei der Einkommenssteuer herangezogen. Es gehen im Schnitt 25 Prozent verloren. Welchen Sinn macht es da für einen Durchschnittsbürger, wenn er etwas anspart, wovon er anschließend ein Viertel wieder abgeben muss?

Genauso dramatisch schaut es bei den Betriebsrenten aus. Erwartete Zinseinnahmen können aufgrund der Situation an den Märkten nicht erwirtschaftet werden. Für geparkte Gelder werden Negativzinsen erhoben, Anleihen bringen kaum Rendite, die Aktienmärkte unterliegen Schwankungen, bei einer neuerlichen Finanzkrise muss mit großen Verlusten gerechnet werden.

Die Betriebsrenten werden übrigens ebenfalls mit den vollen Kranken- und Pflegeversicherungsbeiträgen belastet und zur Einkommensteuer herangezogen.

Ab dem Jahr 2040 werden die Renten dann endgültig zu 100 Prozent besteuert. Wer eine Rente von ca. 15.000 Euro jährlich erhält, muss dafür mehr als 1.000 Euro Steuern zahlen.

Neulich diskutierte ich mit einem Rentner über die Zukunft unseres Rentensystems. Er gab zu, dass die Situation besonders für die jüngeren Arbeitnehmer ungerecht ist, sagte aber zum Schluss: *„Für mich wird es schon noch reichen!"* Ich war sprachlos. Leider ist genau diese unsoziale Einstellung ein großes Problem in Deutschland. So lange es einen nicht selbst ganz offensichtlich betrifft, sieht man keine Veranlassung, gegen Ungerechtigkeit und Ausbeutung durch den Staat vorzugehen.

Der betroffene Bürger erwartet zu Recht vernünftige Konzepte und Lösungen für das Problem der Rentenversicherung. Als erster Schritt wäre erforderlich, dass alle – ausnahmslos alle – in die Rentenversicherung einzahlen, wie es in ganz Europa üblich ist. Dazu zählen auch Politiker, Beamte und Selbstständige und für alle muss das gleiche und stabile Niveau bei der Höhe der Altersbezüge eingeführt werden.

Zweitens: Es muss Schluss sein, dass der Staat mit den Beiträgen weiterhin die versicherungsfremden Leistungen bezahlt. Ausschließ-

lich die Beitragszahler dürfen daraus bedient werden, alle anderen Zahlungen sind aus dem Bundeshaushalt zu bestreiten.
Es ist unverantwortlich von unseren Politikern, die Menschen dieser permanenten Angst um ihre Zukunft als Rentner auszusetzen. Der Bürger muss ständig befürchten, dass abermals der Rotstift angesetzt wird und weitere Kürzungen vorgenommen werden. Wer heute 50 Jahre alt ist, hat mehrfach erleben müssen, wie dies durch unterschiedliche Maßnahmen beschlossen wurde: Senkung des Rentenniveaus, Einführung von Beitragszahlungen zur Krankenversicherung, Neuregelungen bei der Hinterbliebenenrente, Rentenreform von 1992 – Anpassung der Berechnung von der Brutto- auf die Nettolohnentwicklung, Erhöhung der Beiträge, Einführung der Rentenbesteuerung, Beitragspflicht der Rentner zur Pflegeversicherung, Anhebung des Rentenalters von 65 auf 67 bzw. nach 45 Berufsjahren von 63 auf 65 Jahre, volle Krankenkassenbeiträge für Zusatz- und Betriebsrenten usw.
So wie es derzeit aussieht, wird den Arbeitnehmer die Angst ein Berufsleben lang begleiten. Der Arbeiter und Angestellte steht dem machtlos gegenüber und muss zusehen, wie seine sicher geglaubten Altersbezüge immer weiter zusammenschrumpfen. Als eine der stärksten Industrienationen der Welt ist dieser Zustand beschämend und absolut inakzeptabel. Der sozialversicherungspflichtige Arbeitnehmer wird ein Berufsleben lang gerupft wie eine Gans und wenn im Alter von ihm nichts mehr zu erwarten ist, fallen gelassen wie eine heiße Kartoffel!

Bei den gesetzlichen Krankenkassen schaut es nicht viel besser aus. Die Beiträge werden auch in den nächsten Jahren kräftig steigen. Nach Angaben des GKV-Spitzenverbandes wird angenommen, dass der durchschnittliche Zusatzbeitrag bis zum Jahre 2019 von 1,1 auf 1,8 Prozent steigen wird. Leidtragende sind die Pflichtversicherten, die gar keine Möglichkeit haben, sich gegen diesen Trend zur Wehr zu setzen. Während der Arbeitgeberanteil bei 7,3 % eingefroren wurde, werden bei der Erhöhung ausschließlich die Arbeitnehmer mit ihrem Anteil zur Kasse gebeten.
Trotz steigender Beiträge werden die Leistungen der Krankenkassen immer mehr gekürzt. Geht man als Kassenpatient zum Arzt, erhält man oft nur noch ein Privatrezept. Immer höhere Zuzahlungen bei

Medikamenten, beim Physiotherapeuten, beim Zahnersatz usw. sind die Folge der vermeintlich schlechten Finanzlage der Krankenkassen. In meinen Augen ist auch ein großes Problem, dass die Mehrheit der sozial Schwachen wie die Hartz-IV-Empfänger in der Regel in den gesetzlichen Krankenkassen versichert sind. Dafür zahlt das Amt an die Krankenkasse einen monatlichen Beitrag von ca. 90 Euro. Dieser Betrag ist viel zu niedrig angesetzt.

Ein Selbstständiger, der sich freiwillig in der gesetzlichen Krankenkasse versichert, muss einen Monatsbeitrag von mehr als 380 Euro für Kranken- und Pflegeversicherung aufbringen, egal ob er Einkommen hat oder nicht. Wenn er nachweisen kann, dass er über kein persönliches Vermögen verfügt, kann er eine Verringerung seiner Beiträge beantragen. Sollte sein monatlicher Gewinn mehr als ca. 2.200 Euro betragen, muss er je nach Höhe des Gewinns entsprechend nachzahlen. Dagegen ist im Prinzip nichts einzuwenden. Aber gerade für Menschen, die den Schritt in die Selbstständigkeit wagen, sind 380 Euro im Monat viel Geld.

Ein weiteres Beispiel: Ein Paar lebt zusammen, ist aber nicht verheiratet. Sie hat einen relativ gut bezahlten Job und bringt im Monat 1.600 Euro netto nach Hause. Er ist arbeitslos, bekommt aber kein Hartz IV, weil das Einkommen seiner Lebenspartnerin zu hoch ist und die beiden in der so genannten Bedarfsgemeinschaft erfasst werden. Demzufolge muss er eine freiwillige Krankenversicherung abschließen und obwohl er über kein eigenes Einkommen verfügt, dafür monatlich ca. 140 Euro aufbringen. Im Vergleich zum Hartz-IV-Empfänger, für den die Krankenkasse nur 90 Euro erhält, ist das nicht gerecht. Um die Mitglieder zu entlasten, müsste der Staat auch hier den Mindestbeitrag von 140 Euro zahlen.

Unverständlich ist nach wie vor die Tatsache, dass sich Besserverdiener aus der gesetzlichen Krankenversicherung verabschieden können, wenn ihr monatliches Einkommen 4.237,50 Euro übersteigt. Sie können dann in die privaten Krankenversicherungen wechseln, die ja bekanntermaßen wesentlich bessere Leistungen erbringen und als deren Mitglied man in der Regel eine Vorzugsbehandlung bei unseren Medizinern erhält.

Diese seit Jahrzehnten angeprangerte Zwei-Klassen-Gesellschaft ist eines so genannten Sozialstaates absolut unwürdig. Die Beitragszahler mit einem Einkommen bis ca. 4.500 Euro müssen für die sozial Schwachen aufkommen, die Besserverdienenden und privat Versicherten können sich vor der Verantwortung drücken.

Begründet werden die steigenden Ausgaben der Krankenversicherungen unter anderem mit den hohen Kosten für Medikamente. Schaut man sich einmal die Bilanzen der Pharmaunternehmen an, dann ist das durchaus nachvollziehbar. Die Aktien sind beständig auf gutem Kurs. Die Bundesregierung muss diesen Konzernen noch mehr auf die Finger klopfen. Das ist wohl nicht zu erwarten, denn der Einfluss der Pharmaindustrie auf Politiker und Ärzte ist groß. Ich erinnere hier an die Spenden von Pharmaunternehmen an unsere Parteien.

Bundesfinanzminister Schäuble freut sich über volle Staatskassen, die vor allem aus Mehreinnahmen bei der Lohnsteuer resultieren. Demzufolge müssten die Krankenkassen ebenfalls höhere Einnahmen erzielen. Wenn der Lohn steigt bzw. immer mehr Menschen einer sozialversicherungspflichtigen Tätigkeit nachgehen, steigen parallel dazu auch die Einnahmen der Krankenkassen. Da stelle ich mir doch berechtigt die Frage, warum die Krankenkassen ihre Beiträge erhöhen müssen?

Prekär ist die Lage nach wie vor bei den Krankenhäusern. Vor Jahrzehnten war noch jede Gemeinde fest davon überzeugt, ein eigenes Krankenhaus besitzen zu müssen. Die Kosten für ihren Unterhalt explodierten. Die leeren Kassen unserer Kommunen zwangen zum Verkauf der unrentablen Einrichtungen an private Träger. Doch auch denen gelingt es relativ selten kostendeckend zu arbeiten. Immer wieder kann man lesen, dass auch die privaten Träger von Insolvenz bedroht sind.

Der aufgeblähte Verwaltungsapparat der Krankenkassen verschlingt weitere Millionen. Den Krankenkassen geht es im Moment gar nicht so schlecht, wie man uns einzureden versucht. Sie haben ein ausreichendes Polster von mehreren Milliarden zur Seite gelegt.

Wie die aufgeführten Beispiele zeigen, ist der Sozialstaat Deutschland in großer Gefahr. Der Staat darf sich aber nicht aus der Verantwortung für seine Bürger stehlen. Hier sind tiefgreifende Reformen dringend erforderlich, um den sozialen Frieden im Land wieder herzustellen.

Deutschland und die Flüchtlingskrise

Die Flüchtlingskrise beherrscht die Politik und die Berichterstattung in den Medien seit vielen Monaten. Sie spaltet eine ganze Nation. Die illegale Einwanderung nach Deutschland durch Flüchtlinge und Wirtschaftsmigranten ist nicht erst seit letztem Jahr ein Streitpunkt, sie wurde im Deutschen Bundestag in regelmäßigen Abständen thematisiert. Nachfolgende Redebeiträge von Politikern der verschiedensten Fraktionen belegen, dass das Problem seit Jahrzehnten bekannt ist:

Dr. Dregger (CDU/CSU)
„15 Millionen Menschen aus den Elends- und Krisengebieten der Dritten Welt suchen eine neue Heimat ...
Hilfe ist jedoch nicht in der Weise möglich, dass wir diese Armen unterschiedslos in unser Land aufnehmen ...
Unsere weitere Aufnahmefähigkeit ist nicht unbegrenzt. Wir müssen daher unterscheiden: Politisch Verfolgten – der Akzent liegt hier auf dem Wort ‚politisch' – wollen und müssen wir Asyl gewähren ...
Den anderen, denen es wirtschaftlich schlecht geht, zum Teil entsetzlich schlecht geht, müssen wir vor allem in ihrer Heimat, gegebenenfalls in ihrem Kulturkreis helfen, also in Asien und Afrika ...
Dies ist auch eine Frage der Integrationsfähigkeit derer, die hier auf Dauer bleiben wollen und bleiben sollen, und daher integriert werden müssen, wenn nicht schwere Schäden für sie selbst, ihre Kinder und auch ihre Umgebung entstehen sollen ...
Wer politisch verfolgt ist, muss bei uns Aufnahme finden. Diese demokratische Errungenschaft darf nicht dadurch gefährdet werden, dass, wie es zur Zeit der Fall ist, sich über 90 % der Antragsteller zu Unrecht auf politisches Asyl berufen, mit dem Ergebnis, dass sie sich bis zu acht Jahren hier in der Bundesrepublik Deutschland aufhalten können ...
Der Bundesregierung kann auch nicht unbekannt gewesen sein, dass die Bundesrepublik Deutschland den Asylbewerbern Rechte und Vergünstigungen einräumt, wie sie sie in keinem anderen Lande der Welt genießen ...
Alle diese Rechte und Vergünstigungen machen die Bundesrepublik Deutschland zum ‚gelobten Land', nicht nur für politisch Verfolgte, sondern mehr noch für diejenigen, die es vorgeben zu sein.

Meine Damen und Herren, je mehr sich das in der Welt herumspricht, umso mehr Menschen setzen sich in Marsch. Daraus machen Schlepperorganisationen ein Geschäft. Sie preisen das Asylrecht in der Bundesrepublik Deutschland und die Möglichkeit seiner Umgehung an ..."

Dr. Penner (SPD)
"Sind wirtschaftliche und finanzielle Anziehungskraft der Bundesrepublik durchweg das Motiv, das eigene Land zu verlassen und zu uns zu kommen, so ist das Asylrecht das Vehikel für das gewünschte Ziel, einen längeren Aufenthalt hier zu erreichen. Ohne den Ernst der Lage dieser Menschen zu übersehen und ihre bitteren Nöte geringzuachten, kann man wohl mit Recht festhalten, dass sie sich im Wesentlichen deshalb auf das Asylrecht berufen, weil es mit seinen komplizierten Verfahrenswegen der erfolgversprechende Weg ist, hier einen längeren Aufenthalt zu erreichen. Das Asylrecht ist meist der einzige Weg, um in unserem Land länger als drei Monate leben zu können ...
Die Probleme der Asylbewerber sind nicht dadurch zu lösen, dass die Bundesrepublik Deutschland ihre Grenzen öffnet oder den Aufenthalt von Ausländern hier noch leichter möglich machen würde.
Die Bundesrepublik ist kein Einwanderungsland. Sie wird in den nächsten Jahren genug daran zu tun haben, die Arbeitnehmer und deren Familien aus den Staaten der Europäischen Gemeinschaft, für die ja Freizügigkeit verbrieft ist, zu integrieren ...
Für genauso wichtig halten wir Aufklärungsaktionen im Ausland, damit den so genannten Schleppern erschwert wird, Menschen durch Trug und Lug in unser Land zu schleusen ...
Wir halten es weiter für richtig, dass die Sozialhilfe künftig weitgehend in der Form der Sachleistung gewährt werden soll und damit von Bargeldleistungen abgesehen wird ..."

Dr. Wenig (FDP)
„Eine Flut im Ergebnis nicht begründeter Asylbewerbungen führt bei der heutigen zu langen Verfahrensdauer nicht nur zu unlösbaren Problemen für Bund, Länder und Gemeinden. Sie kann – auch diese Frage war angesprochen – zudem die gefährliche Folge haben, dass der Bürger nur noch diese allen sichtbaren unerwünschten Begleiterscheinungen wahrnimmt und dass hierdurch das Bewusstsein für die Notwen-

digkeit und die moralische Qualität eines Asylrechts für politisch Verfolgte verschüttet wird.
Deshalb sage ich: Gerade wer das Asylrecht für politische Verfolgte in seiner Substanz nicht gefährden will, muss dafür Sorge tragen, dass die Asylverfahren nicht durch Elemente, die mit dem politischen Asyl wirklich nichts zu tun haben, in Misskredit gebracht werden ...
Nicht zuletzt beruht die lange Dauer des Asylverfahrens – das wissen wir doch alle – sehr oft auf einer Verzögerungstaktik der Asylbewerber und mancher ihrer Rechtsvertreter."

Dr. Tandler (CDU/CSU)
„Innerhalb der CDU/CSU gibt es niemanden, der das Asylrecht einschränken will ...
Wir wissen aber, dass dieses Recht nur dann aufrechterhaltbar ist, wenn die überwältigende Mehrheit der Bevölkerung der Bundesrepublik Deutschland es mit trägt. Dazu gehört als grundlegende Voraussetzung, dass wir mit dem Problem der Scheinasylanten fertig werden ...
... ich bin auch der Meinung, dass sich das Problem der Not auf dieser Erde nicht auf deutschem Boden lösen lässt. Das geht halt einfach nicht. Ich sage Ihnen eines: Das große Problem, das wir in den Ländern und in den Kommunen haben, ist doch das der Integration jener Ausländer, die seit Jahren und auf unseren Wunsch, auf Grund unserer Bedürfnisse und der Bedürfnisse unserer Wirtschaft bei uns sind. Die Integration dieser Ausländer ist unsere Aufgabe. Diese Aufgabe darf nicht dadurch in Frage gestellt, nicht dadurch erschwert werden, dass Tausende und Abertausende, ja, Hunderttausende von Scheinasylanten nach wie vor völlig unkontrolliert in das Land hineindrängen."

Die älteren Leser von Ihnen können sich vielleicht noch an die Namen der Bundestagsabgeordneten erinnern, von denen ich hier einige Auszüge zusammengestellt habe. Sie stammen aus dem Jahr 1980.[66]
Diese Debatte könnte auch aus dem letzten Jahr stammen - nur mit dem großen Unterschied, dass nunmehr nicht 15 Millionen, sondern 65 Millionen auf der Flucht bzw. auf der Suche nach einem besseren Leben sind und dass Deutschland damals 140 000 Flüchtlinge aufgenommen hat und nicht wie 2015 mehr als eine Million.
Im Übrigen würde keiner unserer heutigen Abgeordneten dermaßen offen und ehrlich im Bundestag Stellung beziehen. Das Problem der

illegalen Einwanderung ist seit Jahrzehnten bekannt, es hat sich immer weiter zugespitzt, entsprechende Gegenmaßnahmen wurden bis heute nicht wirkungsvoll umgesetzt.

Es geht mir hier nicht darum, Vorurteile gegen diese Menschen zu schüren. An ihrer Stelle hätte ich genau den gleichen Weg gewählt. Besonders seit Frau Merkels folgenschwerer Entscheidung die Grenzen zu öffnen, war der Weg frei in das bessere Leben und wurde seitens der Regierungen aller zu durchquerenden Länder organisiert.
Wenn es mir möglich gemacht wird, auf so relativ leichte Art und Weise in das gelobte Deutschland zu kommen, hätte auch ich meine Koffer gepackt.

Doch fangen wir ganz von vorne an. Nicht erst seit September 2015 strömen die Flüchtlinge nach Europa, vorrangig mit dem Ziel Deutschland. Sie hätten in jedem europäischen Land, das sie durchwandert haben, Asyl beantragen können. Nein, sie stellten ihren Antrag erst in Deutschland, weil sie hier die für sie günstigsten Bedingungen vorzufinden hofften und den Versprechungen der Schlepper Glauben schenkten.
Der deutschen Bevölkerung nun einzureden, dass diese Menschen allesamt vor Hunger, Krieg und Vertreibung *„geflohen"* sind, ist schlichtweg falsch.
Ich zweifle nicht an, dass unter ihnen auch wirkliche Kriegsflüchtlinge sind, aber sicher nur ein geringer Anteil. Obwohl auch sie mehrere Länder durchquert hatten, die ebenfalls die Genfer Flüchtlingskonvention unterzeichnet haben und in denen sie durchaus Asyl hätten beantragen können, bin ich der Meinung, dass man diesen Menschen helfen kann und auch sollte. Der Großteil der deutschen Bevölkerung hätte diese Aufgabe mit enormer Hilfsbereitschaft und sozialem Engagement auch übernommen.
Wenn aber laut Aussagen des Innenministers Thomas de Maizière 70 % keine oder gefälschte Pässe dabei haben, dann muss einen das doch stutzig machen. Diese Menschen kann ich doch nicht so einfach vollkommen ungeprüft in unser Land einreisen lassen.
Da ich unmittelbar an der österreichischen Grenze lebe, konnte ich den Ansturm der Flüchtlingsmassen live verfolgen. Doch dazu später.

Angela Merkels – ihrer Aussage nach - humanitäre Entscheidung hat die Fluchtbewegungen zum größten Teil erst ins Rollen gebracht. Jetzt nutzten weitere Hunderttausende die Gelegenheit und machten sich ebenfalls auf den Weg. Diese Entscheidung, die sie überwiegend allein getroffen hat, ohne alle europäischen Partner darüber zu informieren, war ein Fehler!

In der Griechenlandkrise gelang es innerhalb von Stunden die Bankenrettung zu beschließen und finanzielle Hilfen für das Land bereitzustellen. Im Fall der Flüchtlinge hätte Angela Merkel die europäischen Partner umgehend an einen Tisch bringen müssen, um die unhaltbaren Zustände vor allem am Budapester Hauptbahnhof zu beenden.

Hier schon hätte man entscheiden können, welches Land aufnimmt und wie die Lösung für die Zukunft aussehen soll. Hätte man diese Flüchtlinge nach Quoten verteilt, wären wahrscheinlich damals andere EU-Länder bereit gewesen, mehr Menschen aufzunehmen und an die anderen Flüchtlinge hätte es sofort die Botschaft vermittelt, dass sie sich ihr Land nicht aussuchen können. Das hätte wahrscheinlich den ganz großen Ansturm in den folgenden Wochen etwas verhindert.

Das Problem der illegalen Zuwanderung beschäftigt die deutsche Regierung nicht erst seit September 2015. Schon im Jahr 2014 war der Druck der Migranten dermaßen groß, dass Deutschland für die Einquartierung von Flüchtlingen unter anderem Turnhallen bereitstellen musste. Wenn man das Geschehen immer nur auf die Ereignisse Anfang September 2015 reduziert, macht man es sich zu einfach.

Deutschland und die Europäische Union haben in Fragen der Flüchtlingskrise vollkommen versagt. Die verabschiedeten Gesetze sind das Papier nicht wert, auf dem sie stehen. Ein effektiver Grenzschutz ist nicht gewährleistet. In Brüssel wurden tausende Verordnungen erlassen, die unser Leben bis ins kleinste Detail regeln sollen und von denen sich einige als vollkommen absurd erwiesen haben. Außer in Deutschland hält sich wahrscheinlich eh keiner dran. Eine Lösung für den Schutz der europäischen Außengrenzen ist noch immer nicht in Sicht.

Allein die Tatsache, dass in dem Land Asyl beantragt werden muss, in dem ein Flüchtling erstmals europäischen Boden betritt, ist doch von vornherein zum Scheitern verurteilt, muss aber nach derzeitiger Lage umgesetzt werden. Das betrifft ja in erster Linie Italien, Griechenland und Spanien. Spanien gelingt es relativ gut, durch den Grenzzaun in Ceuta die Migrantenströme vor allem aus Mittel- und Nordafrika abzuwehren.[67]
Wenn man solche Gesetze verabschiedet, müssen die entsprechenden Bedingungen zur Umsetzung dafür auch geschaffen werden. Man kann das Problem der illegalen Einwanderung nicht einfach den Ländern am Rand der europäischen Union überlassen.
Die Griechen und Italiener schaffen es nicht die Grenzen effektiv zu schützen. Sie werden mit dem Problem in der Regel seit vielen Jahren im Stich gelassen, wie Frau Merkel jetzt endlich eingeräumt hat. Sie gibt zu, dass auch von deutscher Seite zu lange weggeschaut wurde. Seit Jahren ist das Drama um Lampedusa bekannt und die ertrunkenen Flüchtlinge werden betrauert, aber wo ist die konkrete Unterstützung für Italien? Wenn Europa gemeinsam am Schutz der Außengrenzen Interesse hat, dann kann man die Verantwortung nicht auf die Grenzregionen abwälzen und sich dann aus der Pflicht stehlen und den Ländern die erforderliche Unterstützung verwehren.
Seit einiger Zeit patrouillieren zwar wesentlich mehr Schiffe im Mittelmeer, hier werden die Flüchtlinge aufgesammelt und an die Italiener übergeben, doch was geschieht dann? Man unterstützt nicht die Italiener, man unterstützt die Schlepper. Diese schicken die Migranten von Libyen aus meist nur mit so viel Sprit ins Mittelmeer, dass die Boote es gerade einige Meilen in die internationalen Gewässer schaffen und überlässt das andere dann den Rettungsbooten, die dort vor Ort sind und die Flüchtlinge einsammeln. Sie werden allesamt in Italien an Land gebracht und von den dortigen Behörden übernommen, zurzeit wieder mehrere Tausend in der Woche. Nun müssen die Italiener größtenteils alleine damit fertig werden. Da die Flüchtlinge gar nicht nach Italien wollen, sondern wahrscheinlich nach Deutschland, bildet sich dort ein Rückstau.
Die Italiener bemühen sich, die Menschen an einer Weiterreise zu hindern und holen sie aus den Zügen nach Deutschland wieder heraus, vor allem weil Österreich droht, den Brenner zu schließen. Doch es ist nur eine Frage der Zeit, bis die Situation kippt und ihnen das

nicht mehr gelingt. Tausende Nordafrikaner warten auf eine Gelegenheit, über die Schweiz nach Deutschland weiterzuziehen. In Mailand campieren hunderte von ihnen, am Bahnhof in Como hat sich die Lage im Sommer zugespitzt, hier herrschen fast die gleichen Zustände wie vor einem Jahr in Budapest.[68]

Wer will Italien und Griechenland denn verübeln, dass sie die Migranten einfach weiterziehen lassen, zumal das ausgemachte Ziel der Flüchtlinge in der Regel Deutschland, Schweden, Österreich und Großbritannien heißt. In Brüssel und Berlin stellt man sich teilweise in unerträglich arroganter Art und Weise hin und moniert dann noch die schlechten Lebensbedingungen für die Flüchtlinge, vor allem in Griechenland. Der Gedanke, dass die Flüchtlinge in diesen Ländern registriert und gründlich überprüft werden, ist vollkommen richtig. Aber der weitere Verfahrensweg ist ungeklärt. Andere Länder wollen nicht aufnehmen, Deutschland kann nicht alle aufnehmen, so dreht sich die Situation permanent im Kreis. Es muss andere Lösungen geben, vor allem, um frühzeitig die Menschen zu erkennen, die wirklich Hilfe benötigen und die wieder zurückzuschicken, die nur vorgeben, politisch verfolgt zu sein.

Die seit Jahren nicht konsequent kontrollierte und bekämpfte illegale Einwanderung nach Deutschland, die sich im Herbst letzten Jahres zugespitzt hat, bringt die genannten Länder in noch größere Schwierigkeiten. Gerade in Griechenland gibt es Einbrüche im Tourismus auf den Inseln, auf denen die so genannten Hotspots errichtet wurden.

Ständig wird den Bürgern von unseren Politikern erklärt, dass wir eine europäische Lösung in der Flüchtlingskrise brauchen. Warum schiebt unsere Regierung das Problem eigentlich auf Europa?

Die Flüchtlingskrise ist nämlich kein gesamteuropäisches Problem, es ist in erster Linie ein deutsches Problem. Wir locken die Menschen durch unsere Gesetze und die gute materielle Versorgung ins Land und sind seit vielen Jahrzehnten viel zu nachlässig, was die gerechtfertigten Abschiebungen betrifft. Und die anderen Länder müssen darunter leiden.

Was gibt uns Deutschen eigentlich das Recht, die anderen 27 beziehungsweise bald nur noch 26 Mitgliedsländer der Europäischen Union zu kritisieren, wenn sie zur Flüchtlingspolitik eine andere Einstellung vertreten. Wer sind wir eigentlich, dass wir uns anmaßen, gegenüber den anderen, vor allem den südosteuropäischen und osteuropäischen Ländern den erhobenen Zeigefinger zu zeigen. Diese Länder haben in erster Linie mit ihren eigenen Problemen – vor allem der Jugendarbeitslosigkeit und großer Armut – zu kämpfen. Zum anderen sehen sie, wenn sie die Zentren der westeuropäischen Großstädte besuchen, dass Integration eben nicht immer funktioniert und welche Parallelgesellschaften sich hier zum Teil gebildet haben.

Ein letzter Punkt muss in dieser Angelegenheit ebenfalls bedacht werden. Die Migranten wollen selbst nicht in diese Länder und werden mit Sicherheit die erstbeste Gelegenheit nutzen, um nach Deutschland zu kommen. Wenn sie das legal nicht schaffen und an der Grenze zurückgewiesen oder ihre Asylanträge ablehnt werden, tauchen sie letztendlich in der Illegalität in Deutschland unter.

Tschechien hatte sich übrigens bereit erklärt, Christen aus dem Irak aufzunehmen und hat sie in ihr Land einfliegen lassen. Ein Teil davon ist jedoch nach kurzer Zeit nach Deutschland aufgebrochen und stellte hier einen Asylantrag.[69]

Ungarn wurde im Herbst letzten Jahres extrem attackiert, weil es seine Grenzen geschlossen hat. Dafür haben sie viel Prügel einstecken müssen. Ihr Hinweis, dass sie dazu gezwungen sind, weil europäisches Recht nicht angewandt und die Regelungen von Dublin und das Schengen-Abkommen nicht beachtet werden, wurde besonders von deutschen Politikern hart kritisiert. Deutsche Politik bricht europäisches Recht und kritisiert diejenigen, die versuchen, es wieder durchzusetzen.

Nachdem die Grenze geschlossen war, musste doch auch unseren Politikern sofort klar sein, dass die Flüchtlinge nun über Serbien, Kroatien und Slowenien weiterziehen würden. Statt sofort von europäischer oder deutscher Seite zu reagieren und die passende Infrastruktur zu schaffen, um den Ansturm in geordnete Bahnen zu lenken und Zeltstädte, medizinische Einrichtungen und sanitäre Anlagen umgehend zu errichten, ließen wir die anderen Länder jetzt mit dem Problem im Stich und monierten anschließend - vor allem in den deutschen Medien - die unmöglichen Zustände, die in den genannten Ländern herrschten, allen voran aber unsere deutschen Politiker. Diese Länder haben natürlich alles unternommen, um die Flüchtlinge schnellstmöglich weiterzureichen. Damit hat sich Deutschland wahrlich keine Freunde gemacht.

Die Flüchtlinge haben Tausende Euro an Schlepper bezahlt. Von diesem Geld hätten sie wahrscheinlich in der Nähe ihrer Heimat über Jahre hinweg ein menschenwürdiges Leben führen können.

Die wirklich Leidtragenden sind diejenigen, die in den Flüchtlingslagern im Libanon, in der Türkei und in Jordanien seit Jahren unter unwürdigen Bedingungen hausen und denen man die Versorgung mit Lebensmitteln aufgrund von Geldmangel immer mehr gekürzt hat und die nicht über die finanziellen Mittel verfügen, Schlepper für die Fahrt nach Europa zu bezahlen. Auch hier haben die Europäische Union und Deutschland viel zu lange tatenlos zugesehen. Noch immer ist die Versorgung dieser Menschen auf lange Sicht gesehen nicht sichergestellt, vor allem auch deshalb, weil viele Länder zugesagte Hilfszahlungen nicht überweisen.
Auch die Migranten aus Afrika, nicht nur aus den Maghreb-Staaten, sondern auch die aus Eritrea, Somalia, Nigeria usw. schauen nicht aus, als wären sie knapp dem Hungertod entkommen. Die afrikanischen Damen, die mit mehreren Kindern im Schlepptau durch unsere Innenstädte flanieren, haben nichts mit dem Afrika zu tun, das uns im Fernsehen die halb verhungerten Kinder zeigt, z. B. bei den Spendenaufrufen von „Save the Children" oder anderer Hilfsorganisationen. Man muss auch einmal klar feststellen: Nicht überall in Afrika herrschen Hunger und Krieg, warum müssen alle nach Deutschland kommen? Hier müssen andere afrikanische Staaten endlich in die Verantwortung genommen werden.
Der Flüchtlingsbeauftragte der Bundesregierung Peter Altmaier sagte im deutschen Fernsehen, dass diese Migranten 20.000 bis 30.000 Dollar an Schlepper bezahlen, um durch Afrika übers Mittelmeer nach Deutschland zu gelangen.[70] Mit diesem Geld kann man sich doch eine Existenz in einem afrikanischen Land aufbauen. Nun will die deutsche Bundesregierung die afrikanischen Länder, vor allem die Republik Niger unterstützen, um die Migranten auf ihrem Weg nach Europa aufzuhalten.[71]

Man diskutiert gerne über Obergrenzen und Gegner dieser Forderungen führen als Begründung an, dass man ja nicht wüsste, was man dann mit denen täte, die die Obergrenze als erstes überschritten. Das Argument kann umgehend widerlegt werden. Selbstverständlich könnten wir in Deutschland eine Obergrenze einführen. Denn jeder, der deutschen Boden betritt, kommt aus einem sicheren Drittstaat, es sei denn, er kommt mit Flugzeug oder Schiff direkt nach Deutschland. Und das trifft nur auf die wenigsten zu. Jeden, der über der magischen Zahl wäre, könnten wir an den Grenzen zurückweisen. Nur die Länder in Europa, die als erstes von den Flüchtlingen betreten werden, können keine Obergrenzen einführen.

Was habe ich letztes Jahr an der deutsch-österreichischen Grenze erlebt? Ich will nicht verschweigen, dass ich entsetzt über die Zustände war, die dort teilweise herrschten, als Tausende die Grenzübergänge belagert haben. Ich habe viele Gespräche mit der Bundespolizei geführt. Viele von ihnen standen der Situation sehr kritisch gegenüber. Sie erzählten mir von ihren vielen Überstunden, davon dass sie ihre Familien nur noch selten sehen. Ständige Einsätze beim Fußball, bei Demonstrationen, dann wieder an der Grenze gingen auf Dauer an die Substanz. Selbst aus Hamburg wurden sie herbeigeschafft, um ihren Dienst 1 000 km von der Heimat entfernt zu verrichten.
Sie erzählten mir, dass es die wenigsten Probleme mit den Familien gibt. Allerdings würden ca. 20 - 30 Prozent - vor allem allein reisende junge Männer - durch aggressives und unverschämtes Verhalten auffallen, welches sich auch darin zeigte, dass sie unsere Polizisten bei Nichterfüllung ihrer Forderungen als Nazis beschimpften. Die Bundespolizei bestätigte, dass viele Flüchtlinge keine gültigen Papiere, aber einige von ihnen durchaus sehr hohe Geldbeträge bei sich hatten. Auf meine Frage, wie denn diese registriert werden und wie man ihre Identität feststellen wolle, bekam ich zur Antwort, dass man sich aufgrund der hohen Anzahl der Ankommenden erst einmal auf die Angaben, was ihre Herkunft betrifft, verlassen müsse. Sie wurden dann kurz durchsucht, erstregistriert und medizinisch versorgt und nach kurzer Aufenthaltsdauer mit Zügen ins Bundesgebiet weitertransportiert.

Das hätte niemals geschehen dürfen. Man hätte die Flüchtlinge sofort in geschlossene Zentren bringen müssen. Hier hätten sie umfassend registriert und überprüft werden müssen und dort hätten sie auch ihren Asylantrag stellen können. Unsere Politiker widersetzten sich

diesen Forderungen mit dem Hinweis, man würde Haftzentren schaffen. So wurden die Flüchtlinge einfach weitergeschickt.
Am Bahnhof habe ich die Situation ebenfalls beobachtet. Hier gab es häufig Diskussionen, weil einige Flüchtlinge mit den angegebenen Zielen überhaupt nicht einverstanden waren. Es dauerte manchmal sehr lange, bis die Züge zur Abfahrt bereit waren, denn während die Bundespolizei versuchte, an einer Stelle die Menschen in den Zug zu geleiteten, stiegen sie hinten oder auf der Rückseite der Züge wieder aus. Es hat auch Zwischenfälle gegeben, bei denen die Flüchtlinge unterwegs die Notbremse zogen und auf offener Strecke einfach ausstiegen.[72] Waren sie dann in der Notunterkunft endlich angekommen, waren einige am nächsten Morgen verschwunden, hatten sich selbst auf die Weiterreise gemacht.[73]

Diese Meldungen schafften es selten ins Fernsehen oder in die Zeitung, uns wurden nur die Bilder von Begrüßungsfähnchen schwingenden Helfern gezeigt, die die Flüchtlinge vor allem in München in Empfang genommen haben.

Ich schaute mir auch auf der österreichischen Seite die Zustände an, dort habe ich viele zerrissene Papiere gefunden, die größtenteils belegten, dass Flüchtlinge aus Pakistan, Marokko und Tunesien ihre Papiere kurz vor der Grenze entsorgt hatten. So auch die Papiere eines Nedim aus Pakistan, der 2014 in Wien einen Asylantrag gestellt hatte und der abgelehnt wurde. Er wurde aufgefordert, Österreich zu verlassen. Doch statt in seine Heimat zurückzukehren, nutzte er die Gelegenheit und ging mit dem Flüchtlingsstrom nach Deutschland, eine Wegbeschreibung aus google/maps war angeheftet nebst einer Visitenkarte der Mitarbeiterin einer Hilfsorganisation in Österreich. Frau Merkel war übrigens nicht einmal vor Ort und hat sich die Zustände an der Grenze angesehen, sie hat nichts mitbekommen von blockierten Straßen und Bahngleisen und dem Kampf der Bundespolizei, alles in geordnete Bahnen zu lenken.

Kommen wir zurück zu den 20 - 30 Prozent, die bereits bei ihrer Ankunft in Deutschland negativ aufgefallen sind. Es gab einige Flüchtlinge, die die Essensausgabe durch Frauen ablehnten und Kleider- und Sachspenden von Christen nicht angenommen haben. Der Großteil der Flüchtlinge gehört dem Islam an. Ihr Leben wird von der Religion bestimmt, alles andere wird untergeordnet.

Nehmen wir zum Beispiel einen jungen Afghanen. Was bewegt den, ausgerechnet nach Deutschland zu kommen? Der hat von klein auf gelernt, dass Frauen nichts wert sind, dass das Leben ausschließlich nach den Regeln seiner Religion zu verlaufen hat und dass alle anderen, die sich nicht daran halten, als Ungläubige zutiefst zu verachten sind. Warum geht er nicht in ein Land, wo er nach diesen Regeln leben kann? Warum geht er in ein Land, dessen Lebensart und Kultur er eigentlich ablehnt? Es sind eben ausschließlich wirtschaftliche Gründe, warum ist man nicht so ehrlich und nennt das klar beim Namen?

Die religiöse Einstellung einiger Zugewanderter macht den Deutschen große Sorgen. Doch leider werden sie seitens der Politik nicht wirklich ernst genommen. Wir Bürger wissen selber, dass wir nicht alle Flüchtlinge unter Generalverdacht stellen dürfen und dass der Großteil von ihnen friedlich bei uns leben will, auch wenn sie eben nicht nur vor Krieg und Hunger geflohen sind, sondern in erster Linie ein besseres Leben anstreben. Das müssen unsere Politiker nicht bei jedem Zwischenfall bekunden.

Erinnert sei an dieser Stelle an die Situation am Eurotunnel in Calais, wo mehrere tausend Migranten auf eine Möglichkeit zur Überfahrt nach Großbritannien hoffen. Unter unmöglichen Umständen versuchen die Lkw-Fahrer dort die Region zu passieren, sie müssen jederzeit damit rechnen, von den dort ausharrenden Menschen angegriffen und möglicherweise verletzt zu werden. Sie sind in ständiger Sorge um ihre Fahrzeuge und Ladung.[74] Man stelle sich einmal die gleiche Situation an den Grenzen zur USA vor, wenn tausende Mexikaner versuchen würden, die Grenze zur USA zu überwinden.

Aufgrund der Tatsache, dass 70 Prozent keine oder gefälschte Pässe dabei haben und viele Hunderttausend bis heute nicht registriert sind und wir zum Teil noch nicht einmal wissen, wer sie sind und wo sie sich aufhalten, kann man nicht umhin, den zuständigen Behörden und vor allem der Bundesregierung grob fahrlässiges Verhalten vorzuwerfen. Sie haben die Sicherheit des Landes und seiner Bürger aufs Spiel gesetzt und tun es noch immer. Und auch das muss man in einer Demokratie aussprechen dürfen, doch diejenigen, die es tun, werden als Rechtspopulisten gebrandmarkt, auch wenn sie eigentlich mit PEGIDA und Co. nichts am Hut haben.

Eigentlich widersprechen sich Politiker und Medien selbst. Permanent wird uns versichert, dass die Flüchtlinge vor Krieg, Terror und dem Verhungern geflohen sind. Gleichzeitig betonen sie aber, dass den Schleppern das Handwerk gelegt werden muss. Was erzählen denn die Schlepper den Flüchtlingen? Keineswegs, dass Deutschland das einzige Land der Welt ist, wo sie vor Panzern und Raketen sicher sind, sondern sie sagen ihren *„Kunden"*, dass sie in Deutschland Häuser, Autos und Geld für lau bekommen. Es sind eben in erster Linie die wirtschaftlichen Gründe, die für das Ziel Deutschland sprechen. Und das ist sehr wohl auch unseren Politikern bekannt.
Ich betone es noch einmal, ich hätte an Stelle der Flüchtlinge auch nicht anders gehandelt. Und mir tun die Menschen von ihnen unendlich leid, die hier wirklich ein neues Leben beginnen wollen, sich rechtschaffend verhalten und sehr bemüht sind in unserer Gesellschaft anzukommen. Doch leider bringen diejenigen, die sich nicht an unsere Gesetze halten und unsere Gastfreundschaft missbrauchen, die anderen in Verruf.

Wer es einmal nach Europa und speziell in unser Land geschafft hat, der kann davon ausgehen, dass er nicht umgehend wieder nach Hause geschickt wird, obwohl das in vielen Fällen dringend angezeigt wäre. Jahrelange Verfahren verzögern eine schnelle Rückführung und binden viel Personal und Geld, was an anderer Stelle fehlt und wirklich Bedürftigen zu Gute kommen könnte. Unsere Politiker betonen selbst bei jeder Gelegenheit, dass die mehr als eine Million Menschen in unserem Land integriert werden muss. Sie gehen wahrscheinlich selbst davon aus, dass die Flüchtlinge für immer bei uns bleiben werden. Die Erfahrungen der letzten Jahrzehnte belegen leider, dass es nicht so einfach ist, dass Migranten, die sich unrechtmäßig in der Bundesrepublik aufhalten, in ihre Heimat zurückgeschickt werden.

Von Seiten der Bundespolitiker wird gerne in den Raum gestellt, dass wir aufgrund des demografischen Wandels dringend junge Zuwanderer brauchen, die unter anderem in Zukunft unsere Renten erwirtschaften sollen. Jeder logisch denkende Mensch wird diese Aussage

widerlegen können. Schauen wir uns einmal Syrien, Afghanistan und den Irak an. In diesen Ländern liegt die Analphabetenquote bei 15, 68 und 20 %.[75]
Warum sollten ausgerechnet nur die nach Deutschland gekommen sein, die lesen und schreiben können und das in der Regel auch nur in arabischer Schrift und nicht in lateinischer. Rechnet man das also auf die Zahlen der Antragsteller in Deutschland im ersten Halbjahr 2016 hoch, ergibt sich eine durchschnittliche Quote von Analphabeten von ca. 20 bis 25 %. Das heißt, wir müssen jedem 4. bis 5. von ihnen erst einmal das Lesen und Schreiben beibringen, bevor sie mit einer Berufsausbildung beginnen bzw. eine sozialversicherungspflichtige Tätigkeit aufnehmen können.
Gehen wir einmal davon aus, dass dies vom Tag der Registrierung bis zum Arbeitsbeginn im günstigsten Fall 5 Jahre dauert und der Flüchtling bei seiner Ankunft 20 Jahre alt war. Dann kann er frühestens mit 25 Jahren ins Berufsleben starten. Da hat ein deutscher Hauptschulabsolvent schon fast 10 Jahre in die Sozialsysteme eingezahlt. Aufgrund dieser Tatsache wird der Migrant am Ende seines Berufslebens weder 45 Berufsjahre aufweisen können, noch wird er in einem Lohnsektor arbeiten, wo er so hohe Rentenansprüche erwirbt, dass er eine Altersrente oberhalb der Mindestsicherung beziehen wird.
Bei einem Mindestlohn von derzeit 8,50 EUR wird er nicht annähernd an diese Grenze heranreichen. Damit der deutsche Steuerzahler nicht belastet wird, müssen drei Flüchtlinge so viel erwirtschaften, dass ein vierter Flüchtling mit versorgt wird. Und das wird aller Voraussicht nach nicht geschehen. Jeder, der etwas anderes behauptet, kann nicht rechnen oder verschweigt die Tatsachen.

Auch diejenigen, die Bildung genossen haben und vielleicht auch einen Berufsabschluss vorweisen können, werden nicht so einfach in den Arbeitsmarkt zu integrieren sein. Zum einen dauert das Asylverfahren zu lange, anschließend folgen die Deutsch- und Integrationskurse. Zum anderen können die Berufsabschlüsse kaum nachgewiesen werden und beruhen lediglich auf den Angaben des Antragstellers. Ob die Berufskenntnisse mit den deutschen Abschlüssen annähernd vergleichbar sind, wage ich zu bezweifeln. Da werden noch erhebliche Schwierigkeiten auf uns zukommen.

Erste Untersuchungen bezüglich der Qualifikation der Migranten haben die Vermutung bereits bestätigt. Während zum Beispiel bei den Syrern ca. die Hälfte halbwegs gute Bildungsabschlüsse nachweisen kann, ist die andere Hälfte für den deutschen Arbeitsmarkt absolut ungeeignet.[76]
Das ist gar kein Vorwurf an die Flüchtlinge. Es kann aufgrund der politischen Lage gar nicht anders sein. In Afghanistan schwelen seit Jahrzehnten Konflikte, die Bewohner wurden oder werden zum Teil von den Taliban terrorisiert. Mädchen wurden von Bildung in einigen Regionen komplett ausgeschlossen. Im Irak ist die Lage längst nicht im Griff und in Syrien ist in einigen Regionen seit 5 Jahren Krieg.
Das sind eben keine Fachkräfte, auch keine von morgen, wenn wir Glück haben, dann vielleicht von übermorgen und wenn uns Integration gelingt und wir uns vor allem um die Kinder kümmern, dann kann man vielleicht das Schlimmste abwenden. Aber liebe Politiker, seid endlich ehrlich zu den deutschen Bürgern und sprecht es klar und offen aus. Wie sollen die Bürger dieses Landes eine Flüchtlingspolitik tolerieren und mittragen, wenn mit falschen Karten gespielt wird.
Betrachten wir das Thema von einer anderen Seite. Wenn es wirklich diese gut ausgebildeten Flüchtlinge sind, wäre es dann nicht ein Verbrechen, wenn wir den Ländern ihre Fachkräfte entziehen? Könnten sie in ihren Ländern nicht viel mehr bewirken. Hätten sie die Gelder, die sie für Schleuser bezahlt haben, nicht in ihre Zukunft investieren können?
Mindestens die Hälfte aller Flüchtlinge wird unsere Sozialsysteme für lange Zeit, viele von ihnen sogar für immer belasten. So ehrlich sollte die Bundesregierung sein und das dem deutschen Steuerzahler auch so vermitteln. Alle anderen Behauptungen sind falsch.
Die wirklich gebildeten syrischen Flüchtlinge, von denen es durchaus einige gibt und die uns so gerne in Fernsehen und Zeitung präsentiert werden, werden nach Beendigung des Konfliktes in ihre Heimat zurückkehren, davon bin ich überzeugt.

Politiker versuchen, dem deutschen Steuerzahler die Flüchtlingskrise nach wie vor schön zu reden. Ihre Argumente können allerdings schnell widerlegt werden. Wenn wir in Deutschland wirklich so einen Fachkräftemangel haben, warum haben unsere Verantwortlichen seit vielen Jahren dabei zugesehen, wie die Jugendarbeitslosigkeit und damit die Perspektivlosigkeit der jungen Generationen vor allem in den südeuropäischen Ländern steigt. Warum haben wir nicht alles unternommen, um Schulabgängern aus diesen Ländern unter die Arme zu greifen. Das wäre wirklich Politik im Sinne des europäischen Geistes.

Warum holen wir uns dann beispielsweise nicht verstärkt junge Griechen, Italiener, Kroaten oder Bulgaren ins Land und lassen ihnen eine gute berufliche Bildung zukommen. Ein Teil wäre sicher bei uns geblieben, ein Teil wäre in ihre Heimat zurückgegangen und hätte dort vieles bewegen oder in Gang setzen können. Wozu haben wir ein Europa – diese hoch gepriesene Solidargemeinschaft -, wenn wir den schwächeren Ländern nicht konsequent unter die Arme greifen. Nur Geld zu schicken und dafür zu sorgen, dass die Banken und Großindustriellen in Europa sich eine goldene Nase verdienen, reicht nicht und löst keine Probleme, schon gar nicht die der wirklich hart arbeitenden und Not leidenden Menschen in Europa.

In Deutschland herrscht unter anderem ein Fachkräftemangel in den Bereichen Pflege und Gastronomie. Glaubt die Politik denn wirklich, dass ein Flüchtling, der aufgrund seiner Erziehung und seines Glaubens ein anderes Weltbild von Familie und ein ganz anderes Rollenverständnis von Männern und Frauen hat, einer 85-jährigen Großmutter im Pflegeheim die Bettpfanne wegräumt? Da prallen Welten aufeinander und auch mit guter Integration wird das nur in den seltensten Fällen gelingen. Das ist keine Kritik am Flüchtling, das ist einfach Tatsache. Einen solchen jungen Burschen zum Altenpfleger zu machen, wird wohl die Ausnahme bleiben.

Hat man sich wirklich Gedanken darüber gemacht, warum es einen Fachkräftemangel in der Gastronomie gibt? Die Gründe liegen wahrscheinlich darin, dass die Menschen in dieser häufig saisonabhängigen Branche nur zum Mindestlohn beschäftigt werden und dass es in der Gastronomie sehr ungünstige Arbeitszeiten gibt. Mitarbeiter erhalten in einigen Regionen nur befristete Arbeitsverträge. Außerdem sind die Mieten in Regionen, wo sich gerne Touristen aufhalten in der Regel sehr teuer.[77]

Man kann also von dieser Arbeit nicht leben, so einfach ist das. Fahren Sie einmal in diese Urlaubszentren, hier sind oft Saisonarbeiter aus anderen europäischen Ländern beschäftigt, für die ist das sehr lukrativ. Wenn also zum Beispiel ein bulgarischer Kellner sechs Monate in Deutschland arbeitet und für seine Kinder auch das Kindergeld bezieht, dann kann er hier mit Mindestlohn und Kindergeld so viel erwirtschaften, dass er seine komplette Familie in Bulgarien ein ganzes Jahr lang sehr gut versorgen kann. Davon können deutsche Arbeitnehmer nur träumen! Fachkräftemangel resultiert also in erster Linie aus schlechter Bezahlung und schlechten Arbeitsbedingungen.

Kommen wir zurück zu den Flüchtlingen und einem weiteren Punkt, der in diesem Zusammenhang im gleichen Atemzug genannt wird: die Bekämpfung der Fluchtursachen.

Auch wenn ich behaupte, dass bei weitem nicht alle Menschen, die bei uns ankommen, Kriegsflüchtlinge oder persönlich Verfolgte sind, so muss man sich die Fluchtursachen einmal genauer anschauen. Denn Flüchtlinge gibt es weltweit sehr viele, aber die irren zum großen Teil im Nahen Osten oder in Afrika umher oder halten sich meist in der Nähe ihrer Heimat auf bzw. werden von der UN und anderen Hilfsorganisationen vor Ort versorgt.
Was sind denn die Fluchtursachen? Wer trägt in vielen Fällen die Schuld daran, dass ganze Regionen im Nahen Osten, aber auch in Afrika und Asien instabil und unsicher sind? Es geht um die Vorherrschaft über die Bodenschätze, allen voran das Erdöl. Der größte Unruhestifter ist die USA mit ihren Verbündeten, vor allem Großbritannien. Darum ging es vor hundert Jahren und darum geht es noch heute. USA-kritische Regierungen werden attackiert, Rebellen in den Ländern finanziell unterstützt. Notfalls werden Lügen in die Welt gesetzt, wie die, dass Saddam Hussein über Massenvernichtungsmittel verfügte.[78]
Im Namen der Demokratie werden Aufständische mit Geld und Waffen unterstützt. So ist man auch in Syrien verfahren. Wenn ein deutscher Politiker das ausspricht, wie im Februar 2016 Oskar Lafontaine in der Sendung *„Anne Will",* dann hat er gar keine Chance die Umstände ausführlich zu erläutern, weil sowohl die Gastgeberin, als auch die anwesende Bundesverteidigungsministerin ihn mitten im Satz abwürgen.[80]

Die Amerikaner dulden keine Regierungen im Nahen Osten, die ihnen kritisch gegenüber stehen und die ihre Ölpolitik nicht unterstützen. Schauen Sie einmal im Internet nach, wem im Nahen Osten die Ölförderstätten zum größten Teil gehören. Das sind fast ausnahmslos amerikanische und britische Ölgesellschaften. Die Länder, die sich dem widersetzen, werden als Diktaturen und Verbrecher gebrandmarkt. Sie werden mit Sanktionen bestraft, worunter immer die arme Bevölkerung leiden muss. Das verursacht Fluchtbewegungen und wir nehmen diese Menschen dann zum Teil bei uns auf oder schauen ihrem Elend tatenlos zu. Eigentlich ist das schizophren. Es ist immer wieder das gleiche Strickmuster, nach dem hier vorgegangen wird.
Wie kann es sein, dass in Ländern, die zu den größten Erdölproduzenten der Welt gehören, die Bevölkerung oft unter elenden Bedingungen lebt, dass in diesen Ländern permanente Unruhen herrschen? Eigentlich müssten diese Länder doch die wohlhabendsten der Welt sein.
Von den 20 Ländern, die das Ranking der erdölproduzierenden Länder anführen, sind etliche, in denen unstabile politische Verhältnisse herrschen bzw. es handelt sich um Staaten, die von den USA scharf kritisiert werden, Russland, China, Iran, Irak, Venezuela, Nigeria, Angola, Libyen.[81]

Seit den Terroranschlägen vom 11. September 2001 stecken wir Deutschen mittendrin. Im Namen der Terrorbekämpfung und mit den Aussagen, dass Deutschland mehr Verantwortung übernehmen müsse und dass unsere Freiheit am Hindukusch verteidigt wird, sind unsere Bundeswehrsoldaten nun auch im Ausland im Einsatz.[82] Wo ist die deutsche Friedensbewegung, wo bleibt ihr Aufschrei?
Eine schwierige Rolle spielt Israel aufgrund seiner geographischen Lage. 1967 wurden die Golanhöhen von Israel besetzt. Sie gehören eigentlich Syrien. Mehrere UN-Resolutionen forderten Israel auf das Land zu räumen. Geschehen ist das bis heute nicht.
Im Gegenteil: Der israelische Premierminister Benjamin Netanjaho hat erst kürzlich wieder erklärt, dass die Weltgemeinschaft endlich akzeptieren soll, dass die Golanhöhen niemals wieder geräumt werden. Hat es entsprechende Sanktionen gegen Israel gegeben? Nein! Man lässt sie gewähren.[83]

Haben Sie aber gewusst, dass seit Beginn des Syrienkrieges im Jahre 2011 eine israelisch-amerikanische Ölgesellschaft dort nach Öl bohrt und ein riesiges Vorkommen entdeckt hat, dass die Ölversorgung von Israel über Jahrzehnte sicherstellen könnte? Nein, das wurde in kaum einer Meldung thematisiert.[84]

Immer wieder bombardiert Israel in unverhältnismäßiger Art und Weise Gebiete im Gaza-Streifen, was viele hundert Zivilisten, vor allem auch viele unschuldige Kinder das Leben kostet. Sie begründen ihre Aktionen mit dem Terror der Palästinenser und geben vor, es im Namen der Selbstverteidigung zu tun. Diese massiven Angriffe sind durch nichts gerechtfertigt.[85]

Die Palästinenser leben seit Generationen unter erbärmlichsten Bedingungen, werden von der Versorgung abgeschnitten, Stück für Stück wird ihnen das Land durch Israels aggressive Siedlungspolitik geraubt. Die ganze Welt schaut zu. Eine friedliche Lösung ist nicht in Sicht.[86]

Deutschland liefert an Israel Waffen, oft zum Freundschaftspreis oder mit enormen Preisnachlässen. Begründet wird dies mit unserer besonderen historischen Verantwortung.[87]

Unter anderem wird mit diesen Waffen Krieg gegen die Palästinenser geführt, wir nehmen die Flüchtlinge bei uns auf oder stellen Hilfsgelder zur Verfügung, um die zerstörte Infrastruktur im Gaza-Streifen wieder herzustellen.

Diese deutsche Politik kann nicht länger toleriert werden. Als Freund von Israel wäre es endlich angebracht, einmal deutliche Worte zu sprechen.

Die Juden haben zu Zeiten der NS-Diktatur furchtbare Not leiden müssen. Das steht außer Frage und Deutschland trägt eine besondere Verantwortung gegenüber dieser Religionsgruppe. Aber das rechtfertigt in keiner Weise die Waffenlieferungen in ein Krisengebiet. Müsste nicht gerade dieses Volk alles tun, um für den Weltfrieden einzutreten? Mit ihrer Geschichte im Hintergrund müssten sie vehement für Völkerverständigung und Toleranz einstehen und vor allem endlich den Palästinensern ihr eigenes Land und ihren eigenen Staat zugestehen. Das wird wahrscheinlich niemals geschehen. Israel ist bewaffnet bis an die Zähne und gehört zu den wenigen Ländern der Welt, die Atomwaffen besitzen.[88]

Besetzt Israel syrische Gebiete wie die Golanhöhen und ignoriert sämtliche UN-Resolutionen, dann wird das einfach akzeptiert. Besetzt Russland unter Putin die Krim, auf der mehr als 90 Prozent dem Anschluss an Russland zugestimmt haben, dann ist er ein Verbrecher und wird mit Sanktionen bestraft.[89]
Alle derartigen Auseinandersetzungen sind nach den Erfahrungen zweier Weltkriege nicht zu akzeptieren. Doch leider ist die momentane Situation weltweit so gefährlich und unübersichtlich wie wahrscheinlich zu keiner Zeit vorher. Man gewinnt den Eindruck, als säßen wir auf einem gewaltigen Pulverfass und es stände kurz vor der Explosion.

Warum wird Saudi-Arabien für seine Menschenrechtsverletzungen nicht konsequent an den Pranger gestellt? Warum kreidet die internationale Staatengemeinschaft dort nicht das menschen- und frauenverachtende System an? Warum wird toleriert, dass Menschen öffentlich gefoltert und hingerichtet werden? Warum schaut man tatenlos zu, wie die Saudis den Konflikt im Jemen befeuern?[90]
Saudi Arabien ist der größte Erdöllieferant der Welt. Deutsche, europäische und amerikanische Firmen machen hervorragende Geschäfte mit der Monarchie, auch die Rüstungsindustrie. Da kneift man schon einmal ein Auge zu.[91]

Fluchtursachen zu bekämpfen heißt in erster Linie: Keine weitere Unterstützung der Kriegspolitik der USA und ihrer engsten Verbündeten, keine weiteren Waffenlieferungen in den Nahen Osten und andere Krisengebiete der Welt, auch nicht nach Israel. Beendigung des Auslandseinsatzes deutscher Soldaten, humanitäre Hilfe vor Ort in Zusammenarbeit mit den Vereinten Nationen, aber auch gemeinsam mit Russland und China.
Aufnahme von Verhandlungen mit Putin, Assad und den Machthabern in Libyen und weiteren Regionen in Afrika, um mehrere Schutzkorridore für Vertriebene zu schaffen und diese materiell so auszustatten, dass die Menschen dort existieren können. Das muss möglich sein, ich bin überzeugt, das ist alles nur eine Frage des Preises. Diese Zonen gehören unter internationale Beobachtung und Verwaltung gestellt. Alle im Mittelmeer und in Europa aufgegriffenen illegalen Flüchtlinge müssen in diese Zonen zurückgebracht werden und nur von dort

dürfen Asylanträge gestellt werden. Hier muss dann entschieden werden, wer wirklich schutzbedürftig ist und wer nach Europa einreisen darf. Dieser vom österreichischen Außenminister Kurz so ähnlich unterbreitete Vorschlag ist der einzige Weg, die Wanderbewegungen durch Europa und übers Mittelmeer zu beenden und die Milliardengeschäfte der Schlepper zu unterbinden.

Die unter dem Deckmantel der Demokratie betriebene Politik der USA im Nahen und Mittleren Osten, in Asien aber auch in Afrika hinterlässt nur Chaos und Elend. Hier weiß keiner mehr, wer gegen wen kämpft: Gemäßigte Rebellen, der Islamische Staat, die Sunniten, die Schiiten, die Kurden, die Peschmerga, Al-Qaida, PKK, Dschihadisten, die Hamas, Boko Haram und so weiter. Wer soll da noch den Überblick behalten? Jede Gruppe will ihre eigenen Interessen durchsetzen und unterdrückt die anderen. Ich fürchte, dass in diesen Regionen weder in Jahrzehnten, falls überhaupt jemals Frieden einkehrt.

Deutschland übernimmt von jeher auf humanitärer Seite viel Verantwortung für das Elend dieser Welt. Aber wir können nicht alle Probleme lösen, indem wir unbegrenzt Menschen zu uns einwandern lassen, zumal viele von ihnen nicht wirklich politisch verfolgt sind. Das ist das falsche Signal an die Welt und wird auch von Kriminellen ausgenutzt. Es wird Zeit dem Einhalt zu gebieten. Die Hilfsbereitschaft der Deutschen ist ungebrochen, bei jeder Naturkatastrophe sind wir die ersten, die finanzielle und materielle Hilfe zur Verfügung stellen. Die Deutschen spenden bei jeder internationalen Notlage ungeheure Summen. Mit diesen Geldern werden viele soziale Projekte auf der Welt unterstützt.

Von dem Geld, was den deutschen Steuerzahler ein Flüchtling im Monat in unserem Land kostet, könnten wahrscheinlich Dutzende Flüchtlinge in einem Lager in der Nähe ihrer Heimat im Libanon, in Jordanien oder anderswo gut versorgt und ernährt werden.
Daher ist vollkommen unverständlich, dass auch die deutsche Bundesregierung monatelang zugesehen hat, wie die finanziellen Reserven in den Flüchtlingslagern zusammenschrumpften und billigend in Kauf genommen haben, dass sich die Menschen auf den Weg nach Europa machten und ihr Leben im Mittelmeer riskierten.

Unsere politische Elite wusste sehr genau, was sich in den Lagern abspielte, da die verschiedenen Hilfsorganisationen immer wieder auf die Umstände hingewiesen haben. Hätte man die Kriegsflüchtlinge schon in der Türkei und im Mittelmeer gestoppt und zurück in die Lager am Rande Syriens gebracht, dann hätten sich mit Sicherheit nicht hunderttausende Wirtschaftsmigranten aus anderen Ländern in den Strom der Reisenden eingereiht, um ebenfalls nach Europa zu kommen.

Nun appelliert man an die deutsche Bevölkerung, dass es unsere Pflicht wäre, diesen Menschen in unserem Land zu helfen und sie umfassend zu integrieren. Die deutsche Bevölkerung muss für die Versäumnisse gerade stehen, die von den politisch Verantwortlichen monate- und jahrelang gemacht wurden. Es hätte nie so weit kommen müssen, wenn die Politiker in Deutschland und Europa ihrer Verantwortung gegenüber den Krisenländern nachgekommen wären, frühzeitig gegen das Kriegstreiben interveniert, statt sich daran beteiligt und viel früher reagiert hätten.

Statt ihre Fehler umfassend einzuräumen und Konsequenzen zu ziehen, schlagen sie auf die Kritiker ihrer Arbeit kollektiv ein und bedienen sich gerne der Nazikeule, um sie mundtot zu machen. Das ist natürlich viel einfacher und lenkt von der Schuldfrage ab. Dieses Verhalten unserer Eliten ist zwischenzeitlich durchschaubar geworden und beeindruckt die Kritiker kaum noch. Diese Politik hat ein ganzes Land gespalten. Die Menschen sind aufgewühlt. Aus Angst vor Repressalien, aus Sorge um ihren Arbeitsplatz und persönlichen Anfeindungen, wenn man klar Position bezieht, schweigt die Mehrheit. Das erinnert mich an Zustände wie in der ehemaligen DDR. Dort durfte man seine Meinung auch nur hinter vorgehaltener Hand äußern. Daran trägt keine AfD die Schuld, sie profitiert nur davon, dass die Bundesregierung über die Einwanderung die Kontrolle verloren hat und viele Bürger unseres Landes die illegale Migration nach Deutschland ablehnen.

Um auf die Flüchtlingskrise speziell in Deutschland zurückzukommen, sei folgendes festgestellt. Unsere Willkommenskultur hat in der Welt viel Beachtung gefunden, wenn auch nicht nur positive Zustimmung. Und trotzdem können wir stolz darauf sein. Nur durch das unglaubliche Engagement der vielen freiwilligen Helfer konnte die

Situation einigermaßen vernünftig gemanagt werden. In der Bundesrepublik wäre ein absolutes Chaos ausgebrochen, wenn es die vielen Freiwilligen nicht gegeben hätte.

Wenn diese Menschen aber nun sehen, dass unsere Gastfreundschaft und unsere Hilfsbereitschaft von einigen Flüchtlingen - und das sind nicht wenige - ausgenutzt und missbraucht wird, dann schwindet zunehmend die Akzeptanz für die Flüchtlingspolitik der Bundesregierung. Integration kann funktionieren, wenn wir wirklich nur die Menschen aus den tatsächlichen Krisengebieten zu uns holen, die persönlich verfolgt und bedroht werden, die um ihr Leben fürchten müssen, die unsere Regeln anerkennen und auch integriert werden wollen. Sie müssen unsere Gesellschaft mit all ihren Vorteilen, aber auch mit den Nachteilen, wie sie die Flüchtlinge vielleicht sehen, akzeptieren. Dann wird die Hilfsbereitschaft der Deutschen ungebrochen sein, angefangen von der Betreuung der Kinder, die Bereitstellung von Praktika, von Ausbildungsplätzen, der Vermittlung der Deutschen Sprache bis hin zur persönlichen Übernahme von Patenschaften. Wer allerdings unsere Gastfreundschaft und unsere Hilfsbereitschaft missbraucht, der soll wieder gehen.

Eins gehört auch klar festgestellt. Die Menschen in Deutschland haben bisher gesehen, dass Integration in diesem Land eben nicht immer funktioniert. Wir haben sicher einige Fehler gemacht, aber viele der Zuwanderer waren nicht zur Integration bereit. Wenn ich eine türkische Familie sehe, die seit 30 Jahren in Deutschland lebt und in der die Frau bis heute die deutsche Sprache nicht beherrscht, dann ist das keine Integration. Und wenn dann in Köln - wie kürzlich geschehen - 40 000 Türken auf die Straße gehen, die in der zweiten oder dritten Generation in Deutschland leben, lauthals für Erdogan demonstrieren und uns vermitteln *„Wir sind Deutschland"*, dass sie für Erdogan sterben würden und zudem lauthals die Todesstrafe in der Türkei fordern, dann ist das erst recht misslungene Integration.[92]
Ehrlich? Mir macht die Situation Angst. Hier werden Konflikte ausgetragen, die nicht nach Deutschland gehören. Zeigen Sie mir einen Landsmann, der bei einer Demonstration skandieren würde, er wolle für Deutschland sterben. Der würde vom deutschen Verfassungsschutz wahrscheinlich sofort überwacht werden.

Wir lieben den Griechen und den Italiener um die Ecke. Der Döner schmeckt bei Ali am Bahnhof hervorragend. Beim Einkauf im Asia-Markt werde ich an meinen letzten Urlaub erinnert. Das alles ist bunt und das gefällt uns Deutschen und das ist auch gut so. Das ist Integration und jeder, der diese Bereitschaft mitbringt, ist doch bei uns Deutschen herzlich willkommen.
Geht man aber durch viele unserer Großstädte, schaut nach Bremen, nach Gelsenkirchen, nach Duisburg-Marxlo, nach Berlin-Kreuzberg, Hamburg, Dortmund usw. dann hat Integration nicht funktioniert, weil zum großen Teil auch keine Bereitschaft der Eingewanderten zur Integration bestand. Warum sollte das mit den über eine Million im letzten Jahr Zugewanderten anders funktionieren. Die Menschen in Deutschland wissen das und stehen dem skeptisch gegenüber. Aber jeder, der kritische Fragen stellt, wird von Politikern und Medien belehrt und sofort nach rechts abgeschoben. Das macht die Menschen wütend und ich kann das verstehen.
Leidtragende sind auch diejenigen, die seit Jahren gut integriert sind, ein unbescholtenes Leben in Deutschland führen und ihren Beitrag in unserer Gesellschaft leisten.

Ein großes Problem ist weiterhin, dass in unseren Flüchtlingsunterkünften die unterschiedlichsten Volksgruppen und religiösen Gemeinschaften wie Sunniten, Schiiten, Kurden, Afrikaner usw. zusammen untergebracht werden, die sich in ihren Heimatländern oft feindlich gegenüberstehen. Das kann auf Dauer nicht gut gehen und muss zu Konflikten führen. Erschreckend ist jedoch, dass vor allem Christen hier besonderen Anfeindungen ausgesetzt sind.[93] Flüchtlinge, die in unserem Land politisches Asyl beanspruchen und sich darauf berufen, in ihrem Herkunftsland politisch verfolgt zu sein, haben kein Recht Andersgläubige zu erniedrigen.
Hier haben sich Hierarchien gebildet, die von uns unter keinen Umständen toleriert werden dürfen. Muslime aus dem Nahen Osten oder Nordafrika feinden Andersgläubige und Schwarzafrikaner offen an, sie stehen in der Rangordnung ganz unten.
Gewalt gegenüber anderen Flüchtlingen gehört bestraft, Zerstörung des Gemeinschaftseigentums ebenso. Hier darf es keine Entschuldigung geben, weder mit dem Hinweis auf traumatische Erlebnisse noch auf psychische Belastungen, das muss den Bewohnern vom

ersten Tag an klar gemacht werden. Das ist eine der ersten Regeln, den die Flüchtlinge bei uns lernen sollten. Wem das nicht passt, der kann seine Koffer wieder packen. Christen gesondert unterzubringen, ist nicht die Lösung, sondern ihre Angreifer nach Hause zu schicken.
Wie soll ein Flüchtling unsere Behörden ernst nehmen, wenn es für ihn keine Konsequenzen hat, dass er die Einrichtung der Unterkunft in seine Einzelteile zerlegt und er mit Holzlatten und Eisenstangen, aber auch Waffen auf seine Mitbewohner losgeht. Wenn er dafür nicht umgehend zur Rechenschaft gezogen wird, wird seine Frustrationsgrenze weiter sinken, weil er nichts zu befürchten hat. Das ist ein Freibrief für weiteres kriminelles Handeln. Und das sind keine Einzelfälle, wie man uns immer einzureden versucht. Sie sind Realität und werden gerne mit den schlechten Unterbringungsmöglichkeiten begründet. Sie sind trotzdem nicht zu entschuldigen. Sie bringen die vielen Flüchtlinge in Misskredit, die sich wirklich bemühen, in unserem Land Fuß zu fassen.

Keine Frage, die während der Flüchtlingskrise entstandenen Helferkreise haben die Hauptarbeit im letzten Jahr geleistet und leisten sie bis heute. Das ist lobenswert und kann nicht oft genug erwähnt werden. Die Dankbarkeit vieler Flüchtlinge ist ihnen gewiss und sicher Lohn für ihre unermüdliche Arbeit.
Doch viele Helfer haben leider auch die Erfahrung gemacht, dass ein Teil der Flüchtlinge nicht bereit war ihre Hilfsangebote dauerhaft anzunehmen. Die Teilnahme an unentgeltlichem Deutschunterricht und vermittelten Praktika muss verpflichtend werden.

Anzeigen gegen die Behörden wegen Untätigkeit bei der Bearbeitung der Asylanträge stoßen bei der Bevölkerung nicht unbedingt auf positive Resonanz.[94]
Das BAMF versucht alles, um die Flut der Asylanträge schleunigst zu bearbeiten. Doch bei der Menge von einer Million ist dies nun einmal nicht von heute auf morgen möglich. Genauso wenig kann man Verständnis dafür aufbringen, wenn Flüchtlinge mit Hilfe ihrer Betreuer Anzeigen erstatten, um zu verhindern, dass sie aus Kostengründen in andere Einrichtungen verlegt werden.

Berichte über schlechte Unterkünfte und nicht zu akzeptierende Verpflegung sind eine Ohrfeige für diejenigen, die sich bemühen, das Leben für die Flüchtlinge akzeptabel zu machen.[95]
Man erinnere sich doch bitte daran, dass sie wochenlang in Zelten in Schlamm und Dreck hausen mussten und kaum die Möglichkeit hatten sich zu duschen oder sich vernünftig zu ernähren.

Nach wie vor erreichen Flüchtlinge die Bundesrepublik. Dabei kann bis heute nicht genau beziffert werden, wie hoch die Zahl derer ist, die nach Schließung der Balkanroute zu uns gekommen sind. Die von Horst Seehofer geforderte Obergrenze ist wohl längst erreicht. Die Zahlen schwanken zwischen etwas mehr als 100 000 und weit über 200 000.[96] Man hat die Lage definitiv noch immer nicht im Griff.

Die Kosten der Flüchtlingskrise werden mit 20 Milliarden pro Jahr beziffert.[97] Wie realistisch ist diese Zahl? Es fallen nicht nur die Ausgaben für Verpflegung und Unterbringung an, weitere Kosten sind eng damit verbunden. Zusätzliches Personal beim Bundesamt für Migration, bei den Arbeitsagenturen, in den Schulen, Kindergärten, bei den Sozialämtern, bei der Polizei, Kosten für Deutsch- und Integrationskurse, Kosten für medizinische Betreuung usw.

Die Flüchtlingskrise wird den deutschen Steuerzahler viel Geld kosten. Andererseits profitieren einige Wirtschaftszweige und caritative Einrichtungen vom Zustrom der Migranten. Sicherheitsunternehmen, Vermieter von Unterkünften, auch die Organisationen, die Flüchtlinge in ihre Obhut genommen haben, Catering- und Bauunternehmen und viele weitere Geschäftszweige sind die wirtschaftlichen Gewinner der Zuwanderung.
Die Western Union, ein amerikanischer Konzern, der weltweit Geldüberweisungen auch ohne Konto organisiert, verbuchte im letzten Jahr hohe Gewinne, da Migranten und Flüchtlinge, die in Deutschland leben, insgesamt 22 Milliarden Euro in ihre Heimatländer überwiesen haben. Bei einer durchschnittlichen Provision von 7 Prozent, ist das ein ausgesprochen gutes Geschäft.[98]

Integration kann gelingen, aber nicht zu dem Preis, dass wir Deutschen uns verändern. Jeder, der hier bleiben will, hat in erster Linie unser Grundgesetz anzuerkennen. Er muss die Art und Weise, wie wir in Freiheit und Selbstbestimmung leben, achten und respektieren. Seine Religion ist ausschließlich seine Privatangelegenheit. Forderungen von einigen unserer Politiker, dass wir uns den gegebenen Umständen anpassen müssen, sind nicht zu akzeptieren. Wer sich für ein Leben in Deutschland entscheidet, muss unsere Regeln achten, anders geht es nicht. Was er privat macht, ist seine Angelegenheit, so lange er sich an die Gesetze hält. Und dass es funktionieren kann, haben hunderttausende Zuwanderer, die unbescholten in Deutschland leben, längst bewiesen.

Besonders grüne Politiker erklären, dass sich Deutschland durch die Zuwanderung verändern wird.[99] Keiner von ihnen sagt allerdings konkret, wie diese Veränderung aussehen wird. Wünscht Kathrin Göring-Eckart, dass wir in einigen Jahrzehnten keine Brauchtumsfeste mehr feiern, sondern im Kreis sitzen und afrikanische Rhythmen trommeln oder dass die Kirchenglocken verstummen und der Muezzin uns fünfmal täglich zum Gebet ruft?

Was geschieht mit Deutschland, wenn weiterhin tausende und hunderttausende Migranten in unser Land strömen, wenn mehr als 35 Prozent der Kinder unter 5 Jahren heute schon einen Migrationshintergrund haben? Darauf fehlen noch immer Antworten. Die Bevölkerung erwartet aber mit Recht Erklärungen auf diese drängenden Fragen. Die sind die deutschen Politiker bis heute größtenteils schuldig geblieben.

Die Verunsicherung der Bevölkerung ist nach wie vor sehr groß. Auch wenn die Flüchtlingszahlen gesunken sind, so schwebt im Hintergrund permanent die Gefahr, dass die Zahlen abermals sprunghaft ansteigen könnten. Das ausgehandelte Abkommen mit der Türkei ist keineswegs ein Garant dafür, dass die Flüchtlingszahlen niedrig bleiben, denn immer wieder gibt es Drohungen seitens türkischer Politiker, dass das Abkommen aufgelöst wird, wenn nicht bald die Visafreiheit für die Türken durchgesetzt wird.[100]

Die Menschen in Deutschland hören zudem tagtäglich in den Nachrichten, dass Woche für Woche mehrere tausend Flüchtlinge aus dem Mittelmeer gerettet und nach Italien gebracht werden. Sie wissen sehr genau, dass in Italien mehr als 100 000 Flüchtlinge aus Afrika darauf hoffen nach Deutschland weiterreisen zu können und sie haben sehr wohl auch vernommen, dass mindestens weitere 200 000 an

der Küste von Libyen auf die Möglichkeit warten nach Europa übersetzen zu können.[101] [102]
Auch wenn sich die Flüchtlingszahlen derzeit in Grenzen halten, ist ein erneuter Ansturm nicht vollkommen auszuschließen. Des Weiteren ist die Frage des Familiennachzuges noch immer nicht abschließend geklärt.

Zusammenfassend sei Folgendes festgestellt: Jeder, der ohne oder mit gefälschtem Pass in unser Land einwandert, der vorgibt minderjährig zu sein und es augenscheinlich doch nicht ist, begeht eine Straftat. Diese Menschen beginnen ihr Leben in Deutschland mit einer Lüge, ohne dass es für sie entsprechende Konsequenzen hat.
Und die meisten der Zugewanderten entscheiden sich für Deutschland aus rein wirtschaftlichen Gründen.

Die Bilder aus Aleppo und anderen Regionen Syriens sind furchtbar, keine Frage. Diesen Menschen sollten wir unbedingt helfen. Aber wenn die Bundesregierung fordert, dass die Flüchtlingspolitik von der Bevölkerung akzeptiert und mitgetragen werden soll, dann müssen die Verantwortlichen endlich offen und ehrlich mit den Bürgern in unserem Land umgehen.
So erwartet der Bürger zum Beispiel in regelmäßigen Abständen die Veröffentlichung der aktuellen Zahlen zur Einwanderung, den Stand bei der Bearbeitung der Asylanträge, die Zahl der positiven und negativen Bescheide, die Zahl der Abschiebungen, die Anzahl der Menschen, die in Integrations- und Deutschkursen untergebracht sind, die Zahl der Migranten, die in Arbeit und Ausbildung vermittelt werden konnten und den aktuellen Stand bei der Familienzusammenführung. Aber auch die Bereitstellung von Geldern für die Finanzierung und die Offenlegung der Fakten, woher das Geld stammt, interessiert die Deutschen brennend. Warum geschieht das nicht längst? Weil die Bundesregierung die Zahlen selbst nicht weiß?
Nur durch einen offenen und ehrlichen Umgang, was sämtliche Fragen der Zuwanderung betrifft, wird der deutsche Bürger diese Politik akzeptieren und unterstützen.

Ein weiterer Punkt, der die Gemüter in Deutschland besonders erhitzt, ist die innere Sicherheit, nachdem es nun auch bei uns die ersten Anschläge mit islamistischem Hintergrund gab und nach den Vorfällen in der Silvesternacht.

Ein Teil der Deutschen hat in vielen Bereichen das Vertrauen in die Politik verloren. Was aber noch wesentlich schwerer wiegt, ist die Tatsache, dass die Bürger immer mehr das Vertrauen in die deutschen Institutionen verlieren. Einen Abgeordneten kann man abwählen, bei Behörden, die für Ordnung und Recht sorgen, geht das nicht.
Der Bürger hat vernommen, dass europäisches und deutsches Recht durch die Regierung mehrfach ohne Konsequenzen gebrochen wurde. Der Bürger hat das Gefühl, dass der Staat größte Mühe hat für Sicherheit im Land zu sorgen, weil er diese Sicherheit aufgrund seiner Entscheidungen selbst höchst fahrlässig gefährdet. Der Bürger erkennt, dass die Justiz immer wieder fragwürdige Urteile spricht und Kriminelle nicht konsequent und mit aller Härte des Gesetzes bestraft. Diesen Behörden soll er weiterhin sein Vertrauen schenken? Ich verstehe jeden rechtschaffenden Bürger, der seine Zweifel daran zum Ausdruck bringt.
Es ist nicht nur zutiefst Besorgnis erregend, sondern ein großes Armutszeugnis für einen Staat, wenn sich immer mehr seiner Bürger mit legalen Waffen wie dem Pfefferspray oder Schreckschusspistolen eindecken und einen kleinen Waffenschein beantragen.[103] Dieser Zustand ist absolut beschämend. Unsere deutschen und europäischen Politiker fordern lieber ein verschärftes Waffenrecht, statt sich endlich einzugestehen, dass sie mit ihrer Politik Schuld an diesem Zustand sind. Das einmal offen zu gestehen, würde von wahrer Größe zeugen.

Während des G7-Gipfels im Jahr 2015 in Elmau führte die Bundespolizei vorübergehend Grenzkontrollen ein. Mehrere 100 000 Personen wurden überprüft. Es gab etliche Festnahmen, mehr als 600 Personen wurden gestoppt, die auf der Fahndungsliste der Polizei standen, tausende Personen wurden aufgegriffen, die illegal nach Deutschland eingereist sind. Von der Flüchtlingskrise abgesehen, konnte man schon hier sehen, dass die Sicherheit in Deutschland keineswegs gewährleistet ist.[104]

Man mag den Gedanken gar nicht zu Ende führen, wie viele Kriminelle in Deutschland seit Öffnung der Grenzen in Europa täglich, wöchentlich, monatlich und jährlich in unser Land eingereist sind, hier ihren *„Geschäften"* unbehelligt nachgehen konnten und in Deutschland möglicherweise illegal untergetaucht sind.

Man stellt sich die Frage, wie viele Straftaten aufgeklärt werden könnten, wenn wir einmal einige Tage Ausreisekontrollen aus Deutschland, vor allem an den ostdeutschen Grenzen durchführen würden.

Kurze Zeit nach den Erfahrungen mit den Grenzkontrollen während des G7-Gipfels lassen deutsche Behörden mehr als eine Million Menschen in unser Land einreisen, ohne sie wirklich zu überprüfen, ohne dass wir wissen, woher sie kommen und wer sie sind. Wenige Wochen später geben die deutschen Behörden endlich zu, dass ca. 70 Prozent keine oder gefälschte Pässe bei sich hatten oder haben. Da läuft es einem kalt über den Rücken. Wie soll man es bezeichnen? Naiv, grob fahrlässig, unverantwortlich oder einfach nur dumm?

Nachdem Innenminister de Maizière im August 2016 in einer Pressekonferenz die *„Geplanten Maßnahmen zur Erhöhung der inneren Sicherheit in Deutschland"* verkündet hat, stellte er wenige Tage später dem deutschen Volk das Konzept zur zivilen Sicherheit vor und gab der deutschen Bevölkerung den Rat sich für Notfälle einen Vorrat an Lebensmitteln, Wasser, Brennstoffen und Bargeld bereitzulegen.[105]

Als ich das hörte, war mein erster Gedanke: *„Was wissen die, was wir noch nicht wissen und welche Horrorszenarien spielen unsere Politiker hinter verschlossenen Türen so durch?"*

Aus Reihen der Opposition hagelte es Kritik, denn die Vorstellung solcher Pläne sorgt nicht gerade für das Gefühl von mehr Sicherheit bei den Menschen, die sowieso aufgrund des Amoklaufes in München und der Terroranschläge in Würzburg und Ansbach sehr aufgewühlt sind. Ich bin nicht sofort zum nächsten Supermarkt gelaufen, denn in weiser Voraussicht bin ich längst selbst auf die Idee gekommen und habe immer genügend Vorräte an Lebensmitteln und Wasser zu Hause.

Mein nächster Gedanke war allerdings, wie denn die Bundesregierung unsere Wasserspeicher, Elektrizitäts- und Gaswerke schützt. Wie wird von Seiten der Behörden reagiert, wenn es mal einen größeren Störfall gibt? Da denke ich nicht sofort an einen terroristischen

Anschlag, aber auch der ist nach den letzten Ereignissen durchaus nicht von der Hand zu weisen. Was ist bei einem Angriff auf unsere Bankensysteme, auf unsere Telefon- oder Internetnetze? Haben die Verantwortlichen unserer Regierung entsprechende Notfallpläne in der Schublade?

Der Amoklauf in München hat gezeigt, wie angespannt die Lage vor allem in den Großstädten ist. Panik erfasste die ganze Stadt. Innerhalb von Minuten wurde die Polizei zu mehreren Einsatzorten geschickt, weil dort angeblich Schüsse wie im Olympia-Einkaufszentrum zu hören waren, so unter anderem zum Karlsplatz und ins Hofbräuhaus.[106]
Später stellte sich Gott sei Dank heraus, dass es sich um mehrere Fehlalarme handelte und die Reaktion der Münchner wurde als Massenhysterie abgetan. Diese Vorfälle belegen, wie die Angst bei vielen Menschen unbewusst präsent ist.
Einige Zeit nach den Anschlägen in Bayern habe ich einen Ausflug in die bayerische Landeshauptstadt unternommen. Einen ganzen Tag lang bin ich mit den öffentlichen Verkehrsmitteln durch die Stadt gefahren und habe mir die neuralgischen Punkte angesehen. An keiner einzigen U- oder S-Bahn-Station, in keinem Einkaufszentrum und keinem der großen öffentlichen Plätze habe ich einen einzigen Vertreter der Sicherheitsbehörden gesehen. Nur am Hauptbahnhof gingen zwei Bundespolizisten Streife, obwohl der gesamte Bahnhofsvorplatz mit den zweifelhaftesten Gestalten bevölkert war.
Jeder, der sich hinstellt und sagt, wir können uns nicht verkriechen und wir lassen uns unsere Freiheit nicht nehmen, hat scheinbar noch immer nicht begriffen, wie ernst die Lage ist und wie verletzlich wir eigentlich sind. Menschen, die sich schon einmal in einer lebensbedrohlichen Situation befunden haben, werden das ihr Leben lang nicht vergessen.
Dem Attentäter aus Würzburg, der seit mehr als einem Jahr in Deutschland lebte, wurden während der ganzen Zeit nicht einmal die Fingerabdrücke abgenommen. Eine persönliche Befragung fand ebenfalls nicht statt. Wie kann so etwas passieren? Auf wie viele Flüchtlinge trifft das noch zu?[107]
Die deutsche Polizei arbeitet jetzt schon am absoluten Limit, sie wurde kaputtgespart, mehrere tausend Stellen wurden gestrichen, die

Ausrüstung und Ausbildung der Beamten ist mangelhaft.[108] Nun versucht die Politik, den Versäumnissen der Vergangenheit entgegenzusteuern und alles zu unternehmen, um die innere Sicherheit zu gewährleisten und zu retten, was so schnell nicht zu retten ist. Neue Polizisten stehen nicht von heute auf morgen zum Dienst bereit. Was geschieht in der Zwischenzeit? Kommt die Bundeswehr zum Einsatz? Diesbezügliche Pläne liegen scheinbar vor.[109]

Die bayerische Staatsregierung hat in seiner Kabinettsklausur in St. Quirin unter anderem beschlossen, zusätzliche Stellen bei der Polizei und Justiz zu schaffen, die Beamten besser auszurüsten, die Videoüberwachung an öffentlichen Plätzen wie Bahnhöfen weiter auszubauen, den Informationsaustausch zwischen den Behörden zu verbessern und effektiver gegen Wohnungseinbrüche vorzugehen. Wann ziehen die anderen Bundesländer nach?[110]

Gerade in ländlichen Gebieten wurden Inspektionen aufgelöst und zusammengelegt. Mancherorts warten Bürger lange Zeit auf Hilfe von der Polizeiwache, wenn die Kollegen am anderen Ende des Landkreises unterwegs sind.[111]

An der deutsch-polnischen Grenze zum Beispiel haben sich längst so genannte Bürgerwehren gebildet, die nachts pattroulieren, denn hier sind kriminelle osteuropäische Einbrecherbanden unterwegs, die blitzschnell zuschlagen und genauso schnell über die Grenze wieder verschwinden.[112]

Für Bewohner und vor allem Selbstständige steht häufig die Existenz auf dem Spiel, wenn sie mehrfach überfallen wurden und mehrere hunderttausend Euro Schaden zu verzeichnen haben. Falls man versichert ist und die Gesellschaft für den Verlust aufkommt, bleibt die Unsicherheit, das ungute Gefühl, dass sich fremde Menschen Zutritt in den privaten Lebensbereich verschafft haben. Für Firmeninhaber sind die Folgen oft noch gravierender, sie erhalten zwar Ersatz für ihre gestohlenen Maschinen, doch diese sind nicht von heute auf morgen besorgt, Verdienstausfälle sind die Folge, Verträge können nicht eingehalten werden.

Der Staat steht dem oft ziemlich hilflos gegenüber. In Hochglanzbroschüren der Polizei erhält der Bürger Hinweise, wie man sein Eigentum besser schützen kann.[113] Einem Anstieg der Wohnungseinbrüche von 10 Prozent steht eine Aufklärungsquote von insgesamt

15 Prozent gegenüber. Es entstand ein Schaden von mehr als 500 Millionen Euro.⁽¹¹⁴⁾ ⁽¹¹⁵⁾
In Dortmund verteilte die Polizei Glöckchen, die an Handtasche oder Geldbörse angebracht werden können und vor Taschendiebstahl schützen sollen.⁽¹¹⁶⁾
So schaut Kriminalitätsbekämpfung also heute aus. 75 Prozent des Taschendiebstahles gehen im Übrigen auf das Konto von *„Nicht-Deutschen Tatverdächtigen".*⁽¹¹⁷⁾

Der digitale Polizeifunk, der bereits im Jahre 2006 zur Fußballweltmeisterschaft in Betrieb gehen sollte, funktioniert bis heute nicht vollständig. Immer wieder gibt es Verzögerungen, die Kosten sind explodiert. In einer hochsensiblen Stadt wie Berlin zum Beispiel gibt es nach wie vor große Funklöcher, vor allem wenn Polizeieinsätze im U-Bahn-Netz erforderlich sind. Das muss man sich einmal vorstellen: Die Polizei wird zu einem Einsatz zu einer U-Bahn-Station gerufen, die Kollegen wissen nicht, was sie genau erwartet und sie sind nicht in der Lage Unterstützung anzufordern, weil ihr Funkgerät nicht funktioniert.⁽¹¹⁸⁾ Das ist grob fahrlässig und ein Armutszeugnis für ein Land wie Deutschland, dass zu den hochentwickeltsten Ländern der Welt zählt. Hier erkennt man, welchen Stellenwert die Sicherheit der Beamten und die der Bürger hat.

Ich bewundere heute jeden jungen Menschen, der sich für eine Laufbahn bei der Deutschen Polizei entscheidet. Da gehört schon viel Idealismus dazu, einen Beruf zu wählen, bei dem man täglich angefeindet, beschimpft und angegriffen wird.
Bilder in Zeitungen und im Fernsehen von blutjungen Polizisten und zierlichen Polizistinnen geben mir besonders zu denken, wenn sie 120-kg-Rockern der unterschiedlichsten Banden gegenüberstehen und unter Umständen von denen angegriffen werden.
Wie frustrierend muss es für einen Polizisten sein, wenn er immer wieder die gleichen Kleinkriminellen aufgreift, Anzeigen schreibt und er die Verdächtigen wieder laufen lassen muss. Tag für Tag das gleiche Spiel und nichts passiert.⁽¹¹⁹⁾
Warum gibt es für diese Fälle keine Schnellverfahren an den Gerichten, wie das bei Fußballrandalierern praktiziert wird? Die Bestrafung muss unmittelbar nach der Tat erfolgen, alles andere macht absolut

keinen Sinn. Nicht nur Kleinkriminelle verlieren so den Respekt vor unseren Ordnungshütern.

Jedes Gericht müsste Richter ab- oder einstellen, die innerhalb weniger Tage bei kleineren Vergehen, die keiner großen Ermittlungsarbeit und Beweissicherung bedürfen, eine Verurteilung durchsetzen. Diese Straftaten könnten schnell abgearbeitet werden. Wenn ein Kleinkrimineller kurz hintereinander mehrmals straffällig geworden ist, dann muss er schnell hinter Gitter wandern und nicht erst nach langer Zeit, in der er ausreichend Zeit hat, weitere Straftaten zu begehen.

Die einzigen Erfolgserlebnisse haben Polizisten, wenn sie Verkehrssünder ertappen. Hier gibt es einen eindeutigen Bußgeldkatalog. Die Strafe folgt auf den Fuß ohne Wenn und Aber.

Wann waren Sie das letzte Mal im Zentrum einer unserer deutschen Großstädte? Gerade in Nähe der Hauptbahnhöfe trifft man auf Gestalten, denen man ansieht, dass sie nichts Gutes im Schilde führen. Automatisch packt man seine Tasche noch fester am Griff. Mit ungutem Gefühl ist man froh, wenn man solche Bereiche hinter sich lassen kann.

In wie vielen unserer Städte gibt es die so genannten rechtsfreien Räume, wo Familienclans und Banden die Straßen beherrschen, in die sich deutsche Polizisten nur noch in Mannschaftsstärke hinein trauen, weil sie befürchten müssen, dass per Handy informierte *„Unterstützer"* innerhalb von Minuten zur Stelle sind? Warum lassen wir uns das alles bieten?[120]

Die Silvesternacht in Köln, aber auch anderen Städten hat die Situation verändert. Was fällt unseren Politikern dazu ein? Man muss sich von ihnen tagelang Vorträge anhören, dass man Flüchtlinge und Migranten nicht unter Generalverdacht stellen sollte. Das wissen wir Bürger selber oder spricht man uns die Fähigkeit ab das selber unterscheiden zu können. Dennoch bleibt das ungute Gefühl. Da Flüchtlinge selten alleine unterwegs sind, beschleicht einen ein gewisses Unbehagen, wenn einem eine Gruppe entgegenkommt und man wechselt die Straßenseite.

Besorgnis erregend in Deutschland ist nicht nur der rechte, sondern auch der zunehmende Terror der Linksextremisten. Sie haben nicht nur dem Land, sondern vor allem der Polizei offen den Kampf angesagt. Achtung vor dem Eigentum der anderen haben sie nicht. Brennende Autos und zerschlagene Schaufenster sind kein Kavaliersdelikt. Sie hinterlassen oft eine Schneise der Verwüstung, wo sie aufgetreten sind.

Laut Informationen des Bundesamtes für Verfassungsschutz werden 22 600 Personen in Deutschland dem rechtsextremistischen Personenpotential und 26 700 dem linksextremistischen zugeordnet. Rechtsextreme begingen 21 933 Straftaten, davon 1 408 Gewalttaten (gegenüber 990 im Jahr 2014). Auf das Konto der Linksextremen gehen 5 620 Straftaten, davon 1 608 Gewalttaten (gegenüber 995 im Jahr 2014).

Das kann doch nicht länger ignoriert werden. Unser Justizminister hat ein Millionen schweres Programm gegen rechts eingefordert. Der Bürger fordert aber zu Recht die gleiche Konsequenz beim Umgang mit linken Terroristen![122]

In der in regelmäßigen Abständen veröffentlichten Kriminalitätsstatistik wird beteuert, dass es wenig Veränderungen bezüglich der Kriminalität in Deutschland gibt (mit Ausnahme des Einbruchs) und dass Flüchtlinge oder Personen mit Migrationshintergrund nicht krimineller sind als Deutsche.[123]

Von vielen Bürgern werden die vorgelegten Zahlen angezweifelt. Woran liegt das? Zum einen sagt ihnen ihr Gefühl etwas anderes. Zum anderen kann es auch daran liegen, dass Straftaten von Flüchtlingen oder Migranten seit der Silvesternacht in Köln in den deutschen Medien nicht mehr tabuisiert werden.

Trotzdem bleiben Zweifel, vor allem, wenn man die Kriminalitätsstatistik genauer betrachtet. Die erfassten Straftaten sind im Jahr um über 240 000 Fälle gestiegen. Das ist ein Anstieg von 4 Prozent.[124]

Besonders die kleineren Lokalzeitungen berichten Tag für Tag über die verschiedensten Straftaten, starten Fahndungsaufrufe, schreiben über Diebstahl und Betrug. Wird wirklich jedes Vergehen zur Anzeige gebracht?

Mehrfach- und Intensivtäter gibt es gerade im kleinkriminellen Milieu sehr viele. Ich denke hier an kleine Drogenhändler und Taschendiebe. Hat die Polizei nicht längst resigniert, weil das Aufnehmen einer An-

zeige eigentlich nur sinnloser Papierkrieg ist, der nicht zum gewünschten Erfolg führt?
Wenn man die Fälle von Sachbeschädigung und Körperverletzung in Flüchtlingsunterkünften außer Acht lässt, dann ist durchaus glaubwürdig, dass die Flüchtlinge, die letztes Jahr nach Deutschland gekommen sind, nicht krimineller als Deutsche sind. Sie sind wahrscheinlich größtenteils bemüht, in Deutschland anzukommen und Fuß zu fassen.
Aber bei den Personen mit Migrationshintergrund, die schon lange Zeit in Deutschland leben, bestehen berechtigte Zweifel. Personen, die eingebürgert wurden bzw. hier geboren sind, werden in der Statistik als deutsche Tatverdächtige erfasst. Aus diesem Grund kann man gar keine verwertbaren Aussagen aus den jährlich veröffentlichten Kriminalitätsstatistiken entnehmen.[125]
Die offiziellen Zahlen und die Meldungen aus den Zeitungen und dem Fernsehen passen mit der Kriminalitätsstatistik gerade in diesem Punkt nicht zusammen. Ich könnte eine unendliche Liste aufstellen: Menschenhandel und Zwangsprostitution in Händen von Albanern, Libanesen und Türken,[126] Drogenhandel durch Schwarzafrikaner in Berlin und anderswo,[127] Rockerkrieg zwischen Türken und Kurden,[128] Handel mit illegalen Waffen vom Balkan,[129] sexuelle Belästigungen durch Personen mit südländischem Aussehen,[130] Einbrecherbanden aus Georgien,[131] Taschendiebe, Hütchenspieler und Kleinkriminelle aus Rumänien und Bulgarien,[132] Auto- und Fahrraddiebe aus Polen,[133] Betrug bei den Sozialleistungen durch kriminelle Vereinigungen,[134] organisiert aus Europa und anderen Teilen der Welt und, und, und. Unsere Justiz greift hier leider nicht hart genug durch. Wir zahlen einen hohen Preis für offene Grenzen innerhalb und am Rande Europas.
Hinzu kommt die erhöhte Terrorgefahr. Die europäischen Behörden haben in vielen Bereichen versagt. Es muss doch möglich sein, in einem hochentwickelten Europa eine Datenbank bereitzustellen, in der Personendaten jederzeit und ungehindert abgeglichen werden können, um Schwerkriminelle und Terrorverdächtige innerhalb von Minuten zu erkennen.
Der Attentäter auf ein Polizeirevier in Paris z. B. stammte vermutlich aus Tunesien oder Marokko und wohnte in einem Flüchtlingswohnheim in Nordrhein-Westfalen.[135] Er lebte seit einiger Zeit in Europa

und hat schließlich die Gunst der Stunde genutzt und war höchstwahrscheinlich mit dem großen Flüchtlingsansturm bei uns gelandet. Was hat der hier zu suchen? Es war bekannt, dass er sich schon in anderen europäischen Ländern aufgehalten und dort gelebt hatte, bevor er in Deutschland unter mehreren verschiedenen Identitäten Asyl beantragt hatte und schon öfter mit dem Gesetz in Konflikt geraten war?

Seine wahre Identität hätte in wenigen Stunden geklärt werden können. Warum wurde er nicht umgehend in das Land abgeschoben, wo er zuerst europäischen Boden betreten hat? Seinen Asylantrag hätte man innerhalb von Stunden erledigen können und nicht erst auf den Berg mit den Hunderttausenden anderen Anträgen legen müssen. Er hätte sofort freundlich aber bestimmt zum nächsten Grenzübergang gebracht werden oder gleich in einen Flieger in sein Heimatland gesetzt werden können. Wie viele von diesen Fällen gibt es noch, Tausende oder Zehntausende, die ihre in anderen Ländern Europas begonnenen kleinkriminellen Karrieren nun in Deutschland fortsetzen? Die viel beschworenen Einzelfälle sind es leider nicht, gerade bei den Migranten aus den so genannten Maghreb-Staaten.

Die Forderung kriminelle Ausländer abzuschieben, scheitert an verschiedenen Hürden. Zum einen wollen die Herkunftsländer ihre Landsleute nicht zurücknehmen.[136] Sollte dies geklärt sein und er die entsprechenden Papiere erhalten hat, dann reicht es, dass sich der zur Abschiebung ausgeschriebene Migrant massiv gegen seine Ausreise wehrt, jeder vernünftige Pilot nimmt ihn dann nicht mit, um die Sicherheit der anderen Reisenden nicht zu gefährden.[137]
Ist verständlich, ich wollte auch nicht nach Marokko fliegen und einen schreienden und um sich schlagenden Fluggast mehrere Stunden ertragen. Hat sein Verhalten Erfolg, dann wird die Abschiebung in der Regel abgebrochen. Hier gehört dringend eingeschritten. Vermutlich wird er anschließend in Deutschland untertauchen. Das gehört auf jeden Fall verhindert. Wer sich gegen seine angeordnete und gerechtfertigte Abschiebung dermaßen zur Wehr setzt, der gehört zum einen in Abschiebehaft und zwar so lange, bis er freiwillig ausreist und zweitens gehören ihm die Kosten der gescheiterten Abschiebung in Rechnung gestellt und mögen die selbst ernannten Menschenrechtler

noch so schreien. Es muss Schluss sein mit unseren „*Kuschelbehörden*".

Mit Personen, die sich weigern, ihre Identität und Herkunft preiszugeben, muss ähnlich verfahren werden. Man muss verhindern, dass sie sich in Deutschland frei bewegen können.

Innenminister Thomas de Maizière hat auf der Pressekonferenz im August 2016 folgendes erklärt: „*Für Ausländer, die straffällig geworden sind oder von denen eine Gefährdung der öffentlichen Sicherheit ausgeht, wollen wir das Aufenthaltsrecht weiter verschärfen. Hierfür wollen wir im Aufenthaltsgesetz einen entsprechenden Haftgrund der ‚Gefährdung der öffentlichen Sicherheit' schaffen, um so die Ausreisepflicht in diesen Fällen wirkungsvoll durchzusetzen. Auf diese Weise werden wir in Zukunft das Instrument der Abschiebehaft verstärkt für ausländische Kriminelle und Gefährder in Anwendung bringen."* [138]
Warum erst jetzt, warum ist dies nicht schon seit Jahrzehnten gängige Praxis? Warten wir ab, beschlossen wurde schon viel in Deutschland, allein an der Umsetzung mangelt es in vielen Bereichen.

Thomas de Maizière verspricht bessere Kontrolle. Es bleiben dennoch viele Fragezeichen. Ungefähr 100 000 Flüchtlinge sind verschwunden, das BAMF spricht davon, dass ca. 300 000 von ihnen noch nicht registriert sind.[139]

Politiker beteuern, dass sie wissen wollen, wer sich in unserem Land aufhält. Die Frage hätte man sich stellen müssen, bevor man die Einwanderung nach Deutschland ohne Kontrolle zuließ.

Politiker der CSU wurden von anderen Parteien massiv angegangen, als sie die Beendigung der unhaltbaren Zustände an den deutschen Außengrenzen forderten und auf die verschärfte Sicherheitslage aufmerksam machten. Alle Einwände wurden ignoriert. Hier zeigt sich deutlich, wie realitätsfremd viele unserer Politiker waren und dass sie scheinbar in einer ganz anderen Welt leben.

Viele Bundespolizisten haben sich kritisch zu ihrem Einsatz an der Grenze geäußert und auf die verschärfte Gefahrenlage hingewiesen. Sie wurden nicht ernst genommen und um sich keinen Ärger einzuhandeln, haben die meisten von ihnen dann schließlich geschwiegen und resigniert. Einer von ihnen schaute mich Gedanken verloren an und sagte zu mir: „*Was tue ich hier eigentlich?"*

Um es noch einmal klar zu betonen, ich rede hier nicht von allen Flüchtlingen und ich stelle sie keineswegs unter Generalverdacht. Wenn aber die Bundespolizei sagt, dass ca. 20 - 30 Prozent negativ auffallen, dann kann man das nicht einfach ignorieren, denn bei der Zahl der letztes Jahr Eingereisten sind das verdammt viele.

Beunruhigt müssen deutsche Behörden auch um die Sicherheit unserer jüdischen Mitbürger sein. Im Nahen Osten ist Israel der erklärte Hauptfeind vor allem wegen der Konflikte im Gaza-Streifen. Sie werden in Deutschland auch von Zuwanderern arabischer Abstammung immer häufiger beschimpft und angegriffen.[140] [141]

Abschließend muss festgestellt werden, dass die offenen Grenzen in Europa keineswegs zur Sicherheit in unserem Land beigetragen haben. Das unkontrollierte Reisen zwischen den Ländern hat dazu geführt, dass sich Kriminelle ungehindert in Europa bewegen können und dies für ihre *„Geschäfte"* skrupellos ausnutzen. Das muss man in Deutschland endlich einmal ganz klar beim Namen nennen.

Hinzu kommt die massive Zunahme der Internetkriminalität. Es vergeht keine Woche, in der ich nicht mindestens einmal per E-Mail dazu aufgefordert werde, an irgendwelche Inkassobüros *„längst fällige"* Rechnungen zu überweisen. Wie viele – vor allem ältere Mitbürger – lassen sich von solchen Machenschaften einschüchtern und zahlen? Nur die wenigsten Fälle werden bei der Polizei zur Anzeige gebracht.

Der Bürger hat ein Recht auf Sicherheit, dafür zahlt er seine Steuern und der Staat hat die Pflicht, für diese Sicherheit zu sorgen. Der Bürger erwartet keine klugen Ratschläge, er erwartet, dass er sich an jedem Ort und zu jeder Tageszeit in Deutschland sicher bewegen kann. Die innere Sicherheit muss auf der Agenda der Bundesregierung an oberster Stelle stehen, alles andere hat sich unterzuordnen.

Deutschland und Europa

Was ist aus der Idee eines vereinten Europas geworden? Die Gemeinschaft wird bei den einfachen Menschen in vielen Mitgliedsstaaten immer weniger akzeptiert.
Was hat uns der Zusammenschluss persönlich gebracht? Wir können von Land zu Land reisen, ohne an der Grenze kontrolliert zu werden. Wir brauchen kein Geld mehr tauschen und können in den meisten Ländern mit dem Euro bezahlen. Aber sonst? Für den Durchschnittsbürger sind keine weiteren Vorteile offensichtlich.

Ich persönlich bin nicht unglücklich über den Austritt der Briten aus der EU. Als engster Verbündeter und wichtiger Wirtschaftspartner der USA verlieren die Amerikaner möglicherweise einen Teil ihres Einflusses auf die europäische Politik und die europäischen Märkte, denn die Briten haben sich in Europa auch für deren Interessen stark gemacht. Vor allem amerikanische Banken und Investoren befürchten massive finanzielle Einbußen.[142] Es tut mir allerdings für die Menschen in Großbritannien Leid, die ehrlichen Herzens an die europäische Idee geglaubt haben.

Der seit dem Beitritt der Briten in die EU ausgehandelte Sonderstatus ist viel zu unkritisch behandelt worden. Entweder ist man Mitglied dieser Gemeinschaft mit allen Konsequenzen oder nicht. Eigene Währung, kein Beitritt beim Schengener Abkommen, was eine Öffnung der Binnengrenzen ohne Kontrolle bedeutet hätte, ein so genannter Briten-Rabatt bei den Zahlungen in die Europäische Gemeinschaft usw. sind von den anderen Mitgliedsländern vor Jahren akzeptiert worden.
Außerdem haben sie sich die Bedingung ausgehandelt, dass sie bei jedem in der EU abgeschlossenen Gesetz, das den Bereich Inneres und Justiz betrifft, die Möglichkeit haben frei zu entscheiden, ob sie es anwenden oder nicht.[143]
Als engster Verbündeter der Amerikaner sind sie zu großen Teilen mitschuldig an Vertreibung und Elend auf dieser Welt. Sich dann aber um die Verantwortung zu drücken und die Aufnahme von Flüchtlingen zu verweigern, ist sehr verwerflich. Das ewige Gezerre mit den Briten hat jetzt ein Ende.

Das bleibt zumindest zu hoffen, denn es gibt ja durchaus weitere Diskussionen einiger Kreise die Abstimmung rückgängig zu machen, den Austritt hinauszuzögern oder nur die Schotten in der EU zu belassen.[144] [145]

Das hätte sich die Nation vorher überlegen müssen, bevor sie sich auf das Spiel der Europagegner eingelassen hat. Europa ist kein Wunschkonzert, für uns Deutsche sowieso nicht.

Der Brexit kann eine neue Chance für Europa sein. Spätestens jetzt muss doch dieses Konstrukt neu überdacht werden. Die Lage für Deutschland wird allerdings schwieriger werden, denn Großbritannien war der drittgrößte Nettozahler der EU. Sie wurden allerdings bei weitem nicht so zur Kasse wie Deutschland gebeten. Zum Vergleich: Deutschland als größter Nettozahler leistete im Jahre 2014 einen Beitrag von 15,5 Milliarden Euro, die Briten lediglich 4,9 Milliarden Euro.[146]

Statt endlich zu begreifen, dass die Europäische Union in der bisherigen Form zum Scheitern verurteilt ist, weil starke Länder massiv geschwächt und schwache Länder permanent an den Tropf gehängt werden müssen, weil der Euro zu stark für sie ist, brachte man kurz nach dem Austritt der Briten die Aufnahmeverhandlungen mit Serbien, Mazedonien und Albanien, einem der Armenhäuser in Europa, wieder ins Gespräch.[147] Albaner könnten sich dann ungehindert auf den Weg nach Deutschland machen und bräuchten nicht mehr den Weg über ein Asylverfahren suchen.

Was soll das? Hat man aus den Fehlern der Vergangenheit noch immer nichts gelernt? Wie will oder kann man das den Deutschen überhaupt noch erklären? Was hätte das für Folgen? Hunderttausende aus diesen Ländern würden sich umgehend - abgesichert durch europäische Reisefreiheit - auf den Weg zu uns machen und versuchen am vermeintlichen Wohlstand in Europa aber vor allem in Deutschland zu partizipieren.

Mit größter Sorge betrachte ich auch die Forderung der Ukraine sich der EU weiter anzunähern und Mitgliedsland zu werden. Die Ukraine ist eines der korruptesten Länder der Welt und Spitzenreiter in Europa.[148] [149]

In diesem Land geht nichts ohne entsprechende Schmiergeldzahlungen. Neulich erzählte mir eine Ukrainerin, dass selbst ein Arztbesuch,

der Kauf von Medikamenten und viele alltägliche Dinge nur funktionieren, wenn man das passende Kleingeld auf den Tisch legt. Sie gab offen zu, dass es den Ukrainern eher untergeordnet um die europäische Idee oder um Freiheit und Einheit ginge, sondern dass man sich finanzielle Zahlungen aus der Europäischen Union erhoffe. Wie viele von den 45 Millionen Ukrainern werden sich auf den Weg nach Deutschland machen, um in unsere Sozialsysteme zu wandern, so wie es andere Ost- und Südosteuropäer schon jetzt praktizieren?
Was würde ein Beitritt der Türkei für Europa und vor allem für Deutschland bedeuten? Wie viele Kurden würden dann zu uns kommen, wie viele bei uns lebende Türken würden ihre Verwandten in unser Land holen. Man mag den Gedanken gar nicht zu Ende bringen. Ich persönlich habe große Angst vor der Zukunft. Die europäischen Politiker entscheiden am Ende über die deutschen Köpfe hinweg und wir schlucken jede weitere bittere Pille aus Brüssel ohne wirklich aufzubegehren. Mehr Mitgliedsländer bedeutet zudem, dass der Verwaltungsapparat in Brüssel noch weiter aufgebläht wird. Auch das muss alles finanziert werden.

Was bedeutet das speziell für Deutschland? Die Briten als starkes Land steigen aus, weitere arme Länder steigen ein. Unterm Strich kann es nur heißen, die Zahllast des deutschen Steuerzahlers wird weiter steigen und steigen und steigen. Und da wundert sich die Regierung, dass der Fortbestand dieser Gemeinschaft bei den Deutschen immer mehr in Frage gestellt wird? So kann und darf es nicht laufen, wenn Deutschland weiterhin der Hauptsponsor der Europäischen Union bleibt.

Aussagen europäischer Politiker sollten uns verstärkt zum Nachdenken bringen. So sagte Jean-Claude Juncker, der Präsident der Europäischen Union: *„Wir sollten in der Euro-Gruppe im Geheimen diskutieren. Wenn es ernst wird, müssen wir lügen!"* [150]

Obwohl wir die höchsten Lasten in Europa tragen, geht es den einfachen Menschen in Deutschland wesentlich schlechter als anderen Nationen. Ich erinnere an Kinderarmut, Mindestlöhne, die ungleiche Verteilung der Vermögen, die ungerechte Entlohnung der Männer und Frauen, die Ungerechtigkeit bei den Renten. Die Pro-Kopf-

Verschuldung liegt in Deutschland bei 26.500 Euro. Griechenland hat eine Verschuldung von 28.600 Euro. Länder wie Spanien, Portugal, Slowenien, Ungarn, Bulgarien, Rumänien liegen weit hinter uns.[151] Allerdings liegen die Briten, Belgien, Frankreich und Italien noch vor uns. Spitzenreiter ist Irland mit mehr als 43.000 Euro.
Wo liegt aber der Fehler im System, wenn die Mehrheit der Nettozahler der EU bei der Pro-Kopf-Verschuldung sich im oberen Drittel des Rankings einordnen, die meisten Nettoempfänger aber im unteren Bereich?

Trotz massiver Proteste der Menschen in Europa werden die Verhandlungen der Europäischen Union mit den USA und Kanada über die Handelsabkommen TTIP und CETA weitergeführt. Abgeordnete durften in die geheim eingestuften Dokumente von TTIP Einsicht nehmen. Sie durften weder Handys noch Computer in die Leseräume mitnehmen. Handschriftliche Notizen mussten in den Leseräumen verbleiben.[152]
Was wird da geheim verhandelt? Es kann doch nicht verwundern, wenn die Bürger in Europa dem Abkommen mit größter Skepsis gegenüberstehen, wenn solche Geheimnisse darum gemacht werden. Das interessiert unsere Politiker aber nicht wirklich, es wird weiter verhandelt.[153] CETA wurde trotzdem abgeschlossen.
Vom Abkommen über den Handel mit Dienstleistungen, dem so genannten TiSA (Trade in Services Agreement) hört man relativ wenig. Auch hier werden die Verhandlungen geheim geführt.[154]
Wussten Sie übrigens, dass die EU ein Handelsabkommen mit Afrika abgeschlossen hat, dass bei vielen Ländern auf dem afrikanischen Kontinent sehr kritisch gesehen wurde?[155]
Produkte aus Ländern, die das Abkommen nicht unterschreiben wollten, wurden mit hohen Zöllen belegt. Das ist Erpressung. Afrikanische Länder brauchen andere Unterstützung. Die EU kann nun ungehindert ihre subventionierten Produkte nach Afrika liefern, afrikanische Produzenten sind nicht mehr konkurrenzfähig. Was soll das? So löst man die wirtschaftlichen Probleme in vielen Ländern Afrikas nicht. Und wir wundern uns anschließend, dass es diese Menschen nach Europa zieht und sie an unserem Wohlstand teilhaben wollen. Die Bundesregierung interveniert nicht, will aber auf der anderen Seite die Entwicklungshilfe für afrikanische Länder massiv aufstocken.[156]

In den Verträgen von Maastricht, die im Februar 1992 vom Europäischen Rat verabschiedet wurden, einigte man sich nicht nur auf gemeinsame europäische Schritte zur Integration der Teilnehmerländer, auf eine gemeinsame Innen-, Außen- und Sicherheitspolitik, sondern auch auf die Kriterien, die zur Einführung des Euro als gemeinsame Währung zu erfüllen waren. Ein Land, das an dieser Wirtschafts- und Währungsunion teilnehmen wollte, musste folgende Bedingungen erfüllen: Die Schuldenstandquote des Landes musste unter 60 % des Bruttoinlandsprodukts (BIP) liegen, die jährliche Neuverschuldung darf 3 % des BIP nicht überschreiten. Alle Länder, die diese Voraussetzungen erfüllten, mussten den Euro als Währung einführen. Dänemark und Großbritannien vereinbarten eine Sonderregelung. Sie wollten über einen eventuellen Beitritt zur Währungsunion selbst entscheiden. 1999 wurde der Euro als „Buchwährung" umgesetzt, am 1. Januar 2002 startete der Euro als allgemeines Zahlungsmittel.

Am 23. April 1998 stand im Deutschen Bundestag unter anderem folgender Tagesordnungspunkt auf dem Programm:
„Beschluss der Bundesregierung zur Festlegung des Teilnehmerkreises an der Dritten Stufe der Europäischen Wirtschafts- und Währungsunion ..., Einführung des Euro in Gesetzgebung und öffentlicher Verwaltung".
Nachfolgend habe ich einige Auszüge aus den Reden der verschiedensten Abgeordneten zusammengestellt. [157]

Beginnen wir mit dem damaligen Finanzminister Dr. Theodor Weigel:
„Es ist eine Entscheidung, die weit in die Zukunft unseres Landes und Europa hineinreicht ... Die Kommission empfiehlt dem Rat, zu bestätigen, dass elf Mitgliedsstaaten die Voraussetzungen für die Einführung des Euro erfüllen. Die Ausnahmen sind Griechenland, Großbritannien, Schweden und Dänemark. Die drei letztgenannten Länder haben politisch entschieden, der Währungsunion zunächst noch nicht beizutreten."

Griechenland hat demzufolge bereits 1999 die Kriterien nicht erfüllt!
„Entscheidende Erfolge sind auch beim Abbau der Haushaltsdefizite erzielt worden. Den Referenzwert für das öffentliche Haushaltsdefizit in

Höhe von 3 Prozent des Bruttoinlandsprodukts hat 1997 mit Ausnahme von Griechenland kein Mitgliedsstaat überschritten."

Man höre: Auch hier wird wieder Griechenland genannt. Und weiter:
„Während die Erfolge beim Defizitabbau unbestreitbar sind, lässt sich dies vom Schuldenstand nur mit Einschränkungen sagen. Der Referenzwert in Höhe von 60 Prozent des BiP wurde im letzten Jahr nur von Finnland, Frankreich, Großbritannien und Luxemburg unterschritten. In einigen anderen Ländern lag die Schuldenstandsquote zwischen 60 und 70 Prozent. In Deutschland war die Überschreitung mit 61,3 Prozent am geringsten."

Und einige Zeilen später:
„Besonders unbefriedigend sind nach Ansicht des EWI (Anm. des Verfassers: EWI = Europäisches Währungsinstitut) und der Bundesbank die nach wie vor hohen Schuldenstände in Italien und Belgien von jeweils rund 122 Prozent."

Sie haben richtig gelesen: 122 Prozent, doppelt so hoch als gefordert!

Und weiter sagt Herr Dr. Weigel:
„Die Konsolidierungsfortschritte werden im Rahmen von Stabilitätsprogrammen überwacht, die jedes Land gemäß Stabilitätspakt jährlich vorzulegen hat."

Und jetzt atmen Sie tief durch, bevor Sie die folgenden Zeilen lesen:
„Länder mit sehr hohem Schuldenstand müssen verstärkte Anstrengungen unternehmen, um den Schuldenstand schnell auf ein tragfähiges Niveau zurückzuführen. Dies erfordert frühzeitig einen ausgeglichenen Haushalt oder Haushaltsüberschüsse ...
*In diesem Zusammenhang habe ich gleichzeitig noch einmal klargestellt: **Jedes Land haftet allein für seine Schulden. Es wird in der Währungsunion keine zusätzlichen Finanztransfers geben. Haftungsübernahmen seitens der Gemeinschaft oder anderer Teilnehmerländer sind ausgeschlossen."*** [157]

Unter anderem hatten Deutschland und Frankreich vor der Einführung des Euro vehement die Einhaltung der Maastrich-Kriterien gefordert. Warum wurde hier nicht konsequent kontrolliert, warum wurde nicht viel früher eingeschritten? Warum hat man es zugelassen, dass Länder den Euro einführen durften, die nur mit geschönten Statistiken die Bedingungen erfüllten? Mit der Wirtschaftskrise im Jahr 2008 begann das Konstrukt zum ersten Mal massiv ins Wanken zu geraten.

In der folgenden Übersicht ist die heutige Schuldensituation der Länder aufgeführt, die 1999 mit der Gemeinschaftswährung gestartet haben und von Griechenland, dass im Jahr 2001 den Euro einführte.[158]

Land	Verschuldung in Prozent zum BIP bei Einführung des Euro	Verschuldung in Prozent zum BIP im Jahre 2015
Belgien	114,4 %	106,0 %
Deutschland	60,0 %	71,2 %
Finnland	44,1 %	63,1 %
Frankreich	60,2 %	95,8 %
Irland	46,7 %	93,8 %
Italien	109,7 %	132,7 %
Luxemburg	7,1 %	21,4 %
Niederlande	58,2 %	65,1 %
Österreich	66,4 %	86,2 %
Portugal	51,0 %	129,0 %
Spanien	60,9 %	99,2 %
Griechenland	107,1 %	176,9 %

Außer Luxemburg würde heute kein Land mehr die Kriterien des Maastricher Vertrages erfüllen. Hatten die Bürger unseres Landes Unrecht, wenn sie die Einführung der Gemeinschaftswährung kritisch sahen und sie den Euro bei einer Volksbefragung mit absoluter Sicherheit abgelehnt hätten?

Begründet wurde die Einführung des Euro auch damit, dass Deutschland als Exportweltmeister mehr als die Hälfte seiner Waren in EU-Länder liefert. Eventuellen Währungsschwankungen durch die Wechselkurse wollte man durch die Einführung der Gemeinschaftswährung entgehen. Viele Jahre waren die Exporte in EU-Länder allerdings rückläufig, erst im letzten Jahr konnten sie wieder etwas gesteigert werden.(159)

Friedrich Merz von der CDU/CSU-Fraktion gab folgende Äußerungen von sich:
„Den vielen Bürgerinnen und Bürgern, die uns heute in dieser Debatte auch kritisch begleiten, möchte ich von dieser Stelle aus sagen: Vertrauen sie dem Rat von Fachleuten in Ihrer Bank, in der Sparkasse, in der Volksbank, die Ihnen sagen: Die Bezeichnung ändert sich, aber der Wert von Ersparnissen, Renten und Versicherungen bleibt."

Der Euro stieß bei vielen Bundesbürgern auf Skepsis, die sich bis heute nicht gelegt hat.

Frau Kristin Heyne vom BÜNDNIS 90/DIE GRÜNEN bemerkte dazu:
„Wir befinden uns heute in der misslichen Lage, zwar in diesem Haus der demokratisch gewählten Vertreter eine breite, überzeugende Mehrheit zu haben, aber feststellen zu müssen, dass diese in der Bevölkerung insgesamt nicht vorhanden ist.
Aus den Erfahrungen mit dem Verlauf dieser Europadebatte sollten wird endlich die Konsequenz ziehen, der Bevölkerung das Recht einzuräumen, in solchen Fragen – die zum Beispiel die Änderung einer Währung betreffen – mitzuentscheiden ...
... Auch wenn wir in Bezug auf den Euro dieses Versäumnis nicht mehr korrigieren können, sollten wir aus dieser Erfahrung die Konsequenz ziehen, und wir sollten für die Zukunft auch auf Bundesebene Möglichkeiten zur Volksbefragung und zum Volksentscheid gesetzlich verankern."

Ja, liebe Leser, zur Erinnerung: Andere Völker wurden gefragt, ob sie den Euro haben wollten. Wir Deutschen wurden nicht gefragt.

Auch Bundeskanzler Dr. Helmut Kohl betonte ausdrücklich:
„Meine Damen und Herren, **nach der vertraglichen Regelung gibt es keine Haftung der Gemeinschaft für Verbindlichkeiten der Mitgliedsstaaten und keine zusätzlichen Finanztransfers** *...*

Wenn Sie quer durch alle Parteien mit den Kollegen im Europäischen Parlament reden, wissen Sie, dass dieser Satz einen Moment des Innehaltens verdient:
Nach den vertraglichen Regelungen gibt es keine Haftung der Gemeinschaft für Verbindlichkeiten der Mitgliedstaaten und keine zusätzlichen Finanztransfers."

Er hat es tatsächlich noch einmal wiederholt!

Gerhardt Schröder, damals Ministerpräsident von Niedersachsen erkannte sehr wohl, dass die Einführung des Euro bei den Bürgern in Deutschland auf große Ablehnung stieß.
„*Die Einführung der Wirtschafts- und Währungsunion zum 1. Januar 1999 ist richtig; dafür gibt es gute Gründe. Aber es ist nicht sinnvoll, bei dieser in der Tat historischen Entscheidung nur über die Chancen zu reden; man darf vielmehr die Probleme, die damit verbunden sind, nicht verschweigen ...*
Aber ich habe zur Kenntnis genommen, dass sich die Bundesregierung dafür verbürgt, dass es die Transfers, die die Leistungsfähigkeit der deutschen Volkswirtschaft übersteigen würden, nicht geben wird ...
Die Frage, wie wir damit umgehen und was wir tun müssen, um den Euro stabil zu machen, aber auch eine Währung zu gestalten, auf deren Basis wir Arbeitslosigkeit in Europa besser bekämpfen können, wird im Mittelpunkt deutscher wie europäischer Politik stehen müssen."

Rudolf Scharping von der SPD fand bedeutende Worte:
„*Aber mir geht es um etwas anderes. Mir geht es darum, dass wir die Ängste der Menschen offen ansprechen, beispielsweise auch die Angst, dass die Stabilität der eigenen Rente oder der Wert der Lebensversicherung, des mühsam erarbeiteten Häuschens oder anderes in Gefahr geraten könnte. Ängste offen anzusprechen, ist etwas ganz anderes, als Ängste zu schüren.*"
„*Wir, die SPD-Bundestagsfraktion, stimmen der dritten Stufe der Wirtschafts- und Währungsunion zu. Wir verbinden das mit einer Erwartung, nämlich damit, dass wir in Europa und vor allen Dingen auch in Deutschland die Politik wieder stärker an den Menschen, an ihren Bedürfnissen, Hoffnungen und ihren berechtigten Erwartungen für die Zukunft orientieren.*"

Dr. Liesel Hartenstein von der SPD:
„Liebe Kolleginnen und Kollegen, bei der Ratifizierung des Maastricht-Vertrags 1992 haben Parlament und Regierung dem deutschen Volk drei große Versprechen gegeben ...
Dies sind Versprechungen, die eingelöst werden müssen. Der Bundestag hat sich feierlich verpflichtet, er werde sich ‚jedem Versuch widersetzen, die Stabilitätskriterien aufzuweichen, die in Maastricht vereinbart worden sind'..."
„Überhaupt keine Antwort bekommt man auf die Frage, was denn geschähe, wenn unter dem Druck steigender Arbeitslosigkeit und schwindender Staatseinnahmen sowie einsturzgefährdeter Sozialsysteme neue Schuldenaufnahmen getätigt würden – und das nicht nur in einem Land, sondern in mehreren Ländern gleichzeitig. Dann gibt es doch mit hoher Wahrscheinlichkeit nur zwei Möglichkeiten: entweder wackere Transfers von den stärkeren in die schwächeren Länder oder aber eine Aufweichung des Euro ...
Liebe Kolleginnen und Kollegen, meine Befürchtungen ist, dass die große Masse der Sparer und Bezieher kleiner Einkommen, einschließlich der Rentner, diese Zeche bezahlen müssen. Das will ich nicht."

Die einzige Partei, die sich gegen die Einführung des Euro auf der damaligen Bundestagssitzung ausgesprochen hat, war die PDS (heute Linke). Hier einige Ausschnitte aus der Rede von Dr. Gregor Gysi.
„Die Frage, die sich bei der heutigen Debatte ergibt, ist meines Erachtens eine andere: Wie kommt man zu einer europäischen Integration? Kommt man tatsächlich zu einer europäischen Integration, indem man ein Europa der Banken schafft? ...
Ich sage: Im Augenblick wird das ein Europa für erfolgreiche Rüstungs- und Exportkonzerne, für Banken, vielleicht noch für große Versicherungen. Es wird kein Europa für kleine und mittelständige Unternehmen, kein Europa für Arbeitnehmerinnen und Arbeitnehmer, kein Europa für Gewerkschaftsbewegungen und auch kein Europa für die sozial Schwächsten in den Gesellschaften der Teilnehmerländer ...
Wir haben es mit einem weiteren Problem zu tun, nämlich dem, dass der Reichtum in diesem Europa wachsen wird, aber in immer weniger Händen liegen wird. Dafür ist Deutschland ein lebendiges Beispiel ...
Wollen Sie ein Europa, einen Euro mit immer mehr Kürzungen des Rentenniveaus? Wollen Sie ein Europa mit immer mehr Zuzahlungen

für Kranke bei Medikamenten und bei ärztlichen Behandlungen? Das waren doch Ihre Reformen. Wollen Sie ein Europa, in dem 10 Prozent der Bevölkerung sinnlos immer reicher werden und andere immer mehr draufzahlen müssen? ...
Lassen Sie mich als letztes sagen: Der Hauptmakel dieser Währungsunion wird bleiben, dass sie die deutsche Bevölkerung nicht gefragt haben. sie hätten in dieser entscheidenden Frage einen Volksentscheid durchführen müssen ... Nein, man kann das Volk nicht nur wählen lassen. In wichtigen Sachfragen muss man es auch zu Entscheidungen und zum Mitmachen aufrufen. Anders wird man Integration in Europa nicht erreichen."

PDS, Grüne und SPD forderten also einen Volksentscheid über die Einführung des Euro. Den hat man aber bewusst nicht durchgeführt, weil drei Viertel der Bevölkerung gegen den Euro waren. Man beruft sich immer wieder darauf, dass unser Grundgesetz Volksbefragungen nicht vorsieht. Kann man Gesetze nicht ändern? Unsere Volksvertreter waren der festen Überzeugung, dass sie besser wissen, was für das deutsche Volk gut ist und straften alle Kritiker, indem man ihnen Panikmache, Schwarzmalerei und Inkompetenz bescheinigte. Selbst auf den Rat verschiedenster Wirtschaftsexperten wurde nicht gehört.

Ich wiederhole noch einmal: Der Euro wurde gegen den Willen des deutschen Volkes durchgesetzt. Die Stabilitätskriterien wurden aufgeweicht und nur unzureichend kontrolliert. Es hatte für die entsprechenden Länder keine Konsequenzen, wenn sie weiterhin Schulden anhäuften. So ist dies gerade erst wieder mit Spanien und Portugal geschehen. Beide Länder haben gerade eine Abmahnung seitens der EU aufgrund ihrer Finanzpolitik erhalten, weil sie die Neuverschuldung in Höhe von maximal 3 Prozent zum BiP im letzten Jahr nicht eingehalten haben. Konsequenzen? Keine![160]
Die Italiener unter Renzi lassen durchblicken, dass sie weitere Milliardenkredite aufnehmen werden. Die Lage ist schon fast so dramatisch wie in Griechenland. Die Jugendarbeitslosigkeit liegt bei fast 40 Prozent. Und da Deutschland Italiens Hilfe in der Flüchtlingskrise benötigt, ahne ich schon, dass hier seitens der deutschen Regierung weitere Zugeständnisse gemacht werden.

Wie Gregor Gysi richtig vorausgesehen hatte, es ist heute ein Europa der Banken, der Versicherungen, der großen Exportfirmen und der Reichen. Es wird gezockt, spekuliert, das Geld der Anleger wird in verantwortungsloser Art und Weise verspielt. Banken vergeben faule Kredite an marode Staaten. Milliardengewinne haben die Banken jahrzehntelang großzügig in die eigene Tasche gewirtschaftet. Sie zahlen an ihre Vorstände nach wie vor horrende und ungerechtfertigte Boni und Gehälter.[162] Milliardenverluste werden auf den Steuerzahler abgeladen. Und auch hier schauen wir Deutschen knurrend aber tatenlos zu.

Seit der Wirtschaftskrise waren fünf Länder unter dem *„Euro-Rettungsschirm".*[163] Die Zusage, dass wirtschaftlich starke Länder nicht für die Schulden der anderen Länder aufkommen müssen, wurde außer Kraft gesetzt. Aus lauter Angst vor den Konsequenzen eines möglichen Staatsbankrotes eines Mitgliedslandes und den daraus resultierenden Folgen für die anderen Länder wurde Rettungspaket um Rettungspaket geschnürt. Die Europäische Zentralbank darf Staatsanleihen von Krisenländern ankaufen.[164] Wir wissen nicht, wohin die Geldpolitik in Europa steuert. Mein Instinkt sagt mir, uns steht nichts Gutes bevor. Vielleicht brauchen wir einen großen Finanzcrash in Europa, um einen Neustart in Angriff zu nehmen, sei es nun mit oder ohne Gemeinschaftswährung. Warten wir es ab.
Alles in allem hatten die damaligen Kritiker Recht. Die Voraussetzungen für die Einführung des Euro waren damals nicht gegeben und sind es bis heute nicht.
Wenn man ehrlich resümiert, wie sich Europa und damit der Euro in den letzten anderthalb Jahrzehnten entwickelt hat, dann muss man sich doch nicht wundern, dass die Bürger in Europa und mit ihnen die Deutschen auch in diesem Bereich jegliches Vertrauen in die Politik verloren haben.

Wie ich in den vergangenen Zeilen ausgeführt habe, erfüllte Griechenland im Jahre 1999 nicht die Bedingungen des Maastricher Vertrages und konnte somit den Euro als Landeswährung nicht einführen. Damals lag die Verschuldung bei fast 100 % zum Bruttoinlandsprodukt. Der Richtwert von maximal 3 % der jährlichen Neuverschuldung zum BiP wurde ebenfalls nicht eingehalten. Trotzdem erhielt Griechenland im Jahr 2001 den Euro. Dabei war den Verantwortlichen in Europa sehr wohl bewusst, dass Griechenland nur mit Hilfe von geschönten Statistiken die Beitrittskriterien erfüllte, wie in späteren Jahren mehrfach eingeräumt wurde. Dabei erhielten sie scheinbar Unterstützung von Goldman Sachs, einem der größten Investment- und Wertpapierhandelsunternehmen mit Sitz in New York, für das auch der derzeitige Präsident der Europäischen Zentralbank, der Italiener Mario Draghi, tätig war.[165] [166]

Statt jedoch massiv Kontrollen durchzuführen und den Griechen permanent die Daumenschrauben anzusetzen, ließ man sie gewähren. Sie gaben in der Folge immer mehr Geld aus, als sie durch Steuern und Abgaben einnahmen. Der aufgeblähte Staatsapparat verschlang Unsummen von Milliarden. Die Banken vergaben weiterhin Kredite an das vom Konkurs bedrohte Land. Da die Kreditwürdigkeit immer weiter herabgestuft wurde, stiegen die Zinsen. Korruption, ein ineffizientes Steuersystem, Vetternwirtschaft und Steuerhinterziehung verschlimmerten die Situation immer weiter.

Wer schon einmal in Griechenland Urlaub gemacht hat, weiß sofort, was ich meine. Im Tourismus, einer der wichtigsten Einnahmequellen des Landes, wandern viele Euro in die Hosentaschen der Restaurantbesitzer, Hoteliers, Taxifahrer usw. und werden mit Sicherheit nicht beim Finanzamt angegeben.

Durch die letzte Wirtschaftskrise geriet Griechenland immer mehr unter Druck. Die Staatsverschuldung war auf über 130 % des BIP angewachsen, im Oktober 2009 meldete die griechische Regierung eine Neuverschuldung gegenüber dem Vorjahr von mehr als 10 % und gab endlich zu, dass sie ihren Zahlungsverpflichtungen nicht mehr nachkommen könne.[167]

Da vor allem deutsche und französische Banken mit enormen Verlusten hätten rechnen müssen, unternahm man gerade von dieser Seite alles, um einen drohenden Staatsbankrott zu verhindern.[168] Aber auch die Amerikaner hatten – wie nicht anders zu erwarten – ihre Finger im Spiel. Sie spekulieren seit Jahrzehnten heftig an den europäischen Märkten. Weil sie nun Angst hatten ihr Geld zu verlieren, setzte Präsident Obama den französischen Präsidenten und Frau Merkel massiv unter Druck.[169]

Frankreichs damaliger Präsident Sarkozy soll Anfang 2010 gedroht haben, aus der Währungsunion auszusteigen, falls Deutschland sich nicht an Rettungsmaßnahmen beteiligt.[170]
Obwohl dem deutschen Steuerzahler versprochen wurde, dass wir nicht für die Schulden eines anderen Landes aufkommen werden, bürgt der deutsche Steuerzahler heute mit vielen Milliarden Euro.
Eine Sondersitzung jagte die nächste. Ein Hilfspaket nach dem anderen wurde geschnürt. Schulden wurden erlassen, Zinsen nach unten korrigiert, Zahlungsfristen unendlich verlängert. Und ein Ende ist nicht in Sicht.
Bundesfinanzminister Wolfgang Schäuble war im Jahr 2010 fest davon überzeugt, dass es keine weitere Unterstützung für Griechenland geben werde. Doch bis zum heutigen Tage fließen die Gelder unvermindert weiter.[171]

Die Griechen werden zum Verkauf des Staatseigentumes gezwungen und werden aufgrund ihrer dramatischen Lage nicht das Geld erhalten, was ihnen zustehen könnte. Vereinfacht gesagt, sie müssen unter Wert verkaufen. Das Land wird am Wühltisch verramscht.[172]
Die Verschuldung liegt in der Zwischenzeit bei 176 % des Bruttoinlandsproduktes. Nur eine sofortige kontrollierte Entlassung der Griechen aus dem Euro hätte das schlimmste abwenden können. Nun ist es zu spät. Entweder werden immer mehr Milliarden nach Griechenland überwiesen, die wir zu Lebzeiten nicht wiedersehen und falls das nicht geschieht und Griechenland seine Schulden nicht mehr zahlen kann, dann sind eben die Milliarden, für die auch wir Deutschen bürgen, in den Sand gesetzt. So oder so, die Zeche werden wir zahlen.
Ein Großteil der Gelder kommt gar nicht in Griechenland an, es wandert umgehend auf die Konten der verschiedensten ausländischen Banken, um die alten Kredite abzulösen.[173]
Leider erfährt man in den Medien nichts Genaues darüber, was uns Deutsche allein die Griechenlandkrise kosten wird. Die Politiker halten sich bedeckt und allein die Art und Weise, wie unsere Verantwortlichen in Pressekonferenzen die Situation stotternd erklären, zeigt mir, dass uns vieles verheimlicht wird. Ich fordere endlich eine offene und ehrliche Stellungnahme zur Situation in Griechenland, denn das Geld gehört nicht den deutschen Politikern und Banken. Es

ist das Geld der deutschen Steuerzahler, mit dem hier in verantwortungsloser Art und Weise spekuliert wird.[174]
Allein der deutsche Steuerzahler bürgt mit ca. 100 Milliarden für die Schulden von Griechenland.[174] Das ist aber nur für den günstigsten Fall gerechnet. Genaue Angaben dazu lassen sich nicht finden. Diejenigen, die die Krise nach wie vor schön reden, nennen wesentlich niedrigere Zahlen, viel höhere Zahlen stammen von denjenigen, die von den schlimmsten Annahmen ausgehen, nämlich dass Griechenland seine Zahlungen einstellt. Dabei lag die Pro-Kopf-Verschuldung der Deutschen im Jahr 2015 mit ca. 26.500 EUR nicht viel niedriger, als die der Griechen mit ca. 28.600 EUR.
Griechenland ist das beste Beispiel für das Versagen der europäischen Finanzpolitik. Ich nenne es Insolvenzverschleppung. Jedes normale Unternehmen würde sich dafür vor Gericht verantworten müssen. Die Banken aber, die diese Geldpolitik jahrelang betrieben haben und Milliarden damit verdienten, gehen straffrei aus. Man darf gar nicht genauer darüber nachdenken, dann steigt einem die Zornesröte ins Gesicht. Und Mario Draghi hat seine Finger noch immer mit im Spiel.[175]

Gehen Sie doch einmal zu Ihrer Bank und fordern einen Kredit von mehr als 100.000 EUR, sagen Ihrem Bankberater aber, dass Sie aufgrund Ihrer finanziellen Situation maximal 1.000 EUR im Jahr für Zinsen und Tilgung aufbringen können. Das würde nicht einmal für die Zinsen reichen. Ihr Bankberater würde Ihnen höflich aber bestimmt den Weg zur Tür weisen.

Alexis Tsipras fordert von Deutschland in regelmäßigen Abständen Reparationszahlungen in Höhe von mehr als 270 Milliarden Euro für Kriegsverbrechen und -schäden aus dem Zweiten Weltkrieg.[176] Politiker der SPD und Grünen sind solchen Forderungen gegenüber durchaus nicht abgeneigt. Mich macht das sprachlos.

Die griechische Bevölkerung der Unterschicht muss das ausbaden, was Jahrzehnte vorher von Seiten ihrer eigenen Regierung verbrochen wurde. Gespart wird bei denen, die sich nicht wehren können. Massive Kürzungen bei Renten und Gehältern, gravierende Einschnitte im Gesundheitssystem und der Bildung sind die Folge dieser Politik. Der Hass der griechischen Bevölkerung richtet sich gegen Europa und allen voran gegen die Deutschen, die natürlich alles unternehmen werden, um die Milliarden der deutschen Banken zu retten.

Die humanitäre Katastrophe in Griechenland wird nur verhindert, weil sie über gut funktionierende Familienstrukturen verfügen und nun enger zusammenrücken und in massive Not geratene Familienangehörige nicht im Stich lassen.

Liebe Griechen, Ihr müsst auch uns verstehen, wir haften dafür, dass Ihr viele Jahre über Eure Verhältnisse gelebt habt. Ihr seid sicher nicht ganz schuldlos an Eurer Situation. Bitte richtet euren Hass nicht gegen das deutsche Volk, nicht gegen das französische und auch kein anderes. Richtet euren Hass gegen die Regierungen, die ihr vor Jahren gewählt habt. Aber richtet euren Hass vor allem gegen die Banken und ihre Erfüllungsgehilfen in Europa und der Welt. Wir mögen euch und machen gern bei euch Urlaub. Vergesst nicht, wir werden genauso betrogen wie ihr.

Weiteres Unheil scheint auf uns Bürger zuzukommen – die Abschaffung des Bargeldes. Es wäre das absolut Schlimmste, was uns Deutschen passieren könnte. Und auch wenn Ihnen deutsche Politiker etwas ganz anderes versichern, glauben Sie denen kein Wort. Denken Sie immer daran, was uns bezüglich des Euro versprochen wurde.
Es hat bereits mit den Plänen begonnen, den 500-Euro-Schein abzuschaffen, angeblich um die Kriminalität zu bekämpfen. Absoluter Schwachsinn, als ob Kriminelle weniger kriminell sind, wenn sie nicht mehr mit dem größten Geldschein zahlen können. Außerdem wird ja damit uns allen unterstellt, dass wir potentielle Kriminelle wären. Selbst die deutsche Bundesbank ist damit nicht einverstanden, kann sich aber bei den Europäern nicht durchsetzen. Wir Deutsche haben eben nichts zu sagen, wir dürfen nur immer zahlen.[177]
Als weitere Begründung zur Abschaffung des Bargeldes wird die Bekämpfung der Schwarzarbeit genannt. Meinen die Politiker denn wirklich, dass sie das damit erreichen? Dann wird eben in Zukunft mit Sachleistungen bezahlt. Das kann der Staat nicht verhindern. Das sind alles nur fadenscheinige Ausreden. Staat und Banken verfolgen damit ganz andere Pläne.

Wir wären ihnen absolut schutzlos ausgeliefert. Spielen Sie den Gedanken ruhig einmal durch. Banken können Gebühren erheben, wie es ihnen beliebt und wir sind gezwungen das hinzunehmen. Der Staat könnte in Notlagen ungehindert auf ihre Finanzen zurückgreifen. Die Banken könnten jederzeit auf Ihr Erspartes Negativzinsen erheben und Sie können nichts dagegen tun, Sie können dann Ihr Geld nicht einmal abheben und unters Kopfkissen legen. Auch Ihre Lebensversicherungen, ihre privaten Rentenversicherungen und Bausparverträge wären vor Negativzinsen nicht sicher.
Sie würden augenblicklich zum „gläsernen" Menschen werden. Jede finanzielle Transaktion ist nachvollziehbar. Staat und Banken wüssten jederzeit, wofür Sie Ihr Geld ausgeben und wo Sie sich aufhalten. Ihre Daten könnten missbraucht werden.

Allein die Tatsache, dass darüber nachgedacht wird, muss bei Ihnen alle Alarmglocken schrillen lassen. Ich erinnere an die Worte von Jean-Claude Juncker, wie europäische Politik gemacht wird. *"Wir beschließen etwas, stellen das dann in den Raum und warten einige Zeit ab, was passiert. Wenn es dann kein großes Geschrei gibt und keine Aufstände, weil die meisten gar nicht begreifen, was da beschlossen wurde, dann machen wir weiter - Schritt für Schritt, bis es kein Zurück mehr gibt."* [178]

Der Staat könnte jederzeit Gesetze beschließen, die eine Enteignung Ihres Vermögens rechtfertigt. Wer schützt uns vor kriminellen Machenschaften bei Transaktionen mit Geldkarten?
Mit der Bargeldabschaffung eröffnen sich weitere Geschäftsfelder für die Banken. Kartenzahlung ist nicht kostenlos. Dem Händler entstehen für Transaktionen, die Sie mit der EC-Karte zahlen, Unkosten und sie müssen für die Bezahlterminals und für die Teilnahme am elektronischen Zahlungsverkehr in der Regel eine Grundgebühr entrichten. Der Händler legt die Kosten auf seine Preise um. Gehen Sie sorgfältig mit ihrer Geldkarte um und zahlen Sie in Zukunft immer in bar, wenn das möglich ist.
Wer schützt uns vor weiteren Gebührenerhöhungen? Unsere Politiker in Deutschland nicht und schon gar nicht die in Europa – die stehen auf der Seite der Banken. Ich gehe jede Wette ein, dass es dann

keine kostenlosen Girokarten und Kreditkarten mehr gäbe, denn der Kunde müsste sie besitzen, um zahlen zu können.

Übrigens, wenn Sie das Glück haben, mehr als 100.000 EUR zu besitzen, legen Sie das Geld nicht ausschließlich auf eine Bank. Denken Sie immer daran, was den Griechen und Zyprioten passiert ist.

Versprechen Sie es hier und jetzt! Unternehmen Sie alles, um die Bargeldabschaffung niemals zuzulassen, wehren Sie sich mit Leibeskräften dagegen. Gehen Sie auf die Straße, streiken Sie, protestieren Sie, klagen Sie dagegen. Nochmals – verlassen Sie sich auf kein einziges Ehrenwort unserer Politiker, dass dies nicht geschehen wird. Glauben Sie keinem einzigen Bankangestellten, der Ihnen versichern will, dass sich für Sie durch die Bargeldabschaffung nichts ändern würde! Sie lügen, glauben Sie es mir! Sie würden es bitter bereuen und teuer bezahlen. Und wenn Sie nichts dagegen unternehmen, dann jammern Sie in einigen Jahren nicht, dann haben Sie es nicht anders verdient!

Deutschlands Stellung in der Welt

Wir Deutsche werden auch 70 Jahre nach dem Ende des Zweiten Weltkrieges noch immer an unserer Vergangenheit gemessen. Daran sind wir größtenteils selbst schuld, weil wir permanent die Nazikeule über uns schwingen. Kein Tag vergeht im Deutschen Fernsehen, an dem nicht über die Gräueltaten der NS-Diktatur berichtet wird. Ich habe den Eindruck, desto länger die Nazizeit zurückliegt, desto schlimmer wird es, desto intensiver versucht man uns weiterhin eine Schuld einzureden an Verbrechen, die andere Generationen begangen haben.

Keine Frage - auch dieses Kapitel gehört zur Deutschen Geschichte. Selbstverständlich soll in den Geschichtsbüchern unserer Schulen daran erinnert werden. Gedenkstätten gibt es in Deutschland an vielen Orten und der Besuch sollte für die deutsche Jugend verpflichtend sein.

Im Jahr 2015 fühlten sich viele deutsche Politiker, allen voran Bundespräsident Joachim Gauck, dazu berufen, 70 Jahre nach Ende des Zweiten Weltkrieges den Amerikanern, Briten, Franzosen und Sowjets für unsere *„Befreiung"* zu danken.[179] Erlaubt sei aber die Frage, warum danach noch mehrere Millionen Menschen sterben mussten? Fragt man Zeitzeugen, von denen es durchaus noch einige gibt, dann fühlten sie sich nicht *„befreit",* sondern waren einfach froh, dass sie die Kriegswirren und Hitlers Irrsinn überlebt hatten. Schwere Jahre sollten noch vor ihnen liegen.

Tausende und aber Tausende haben in den letzten Kriegstagen bei sinnlosen Bombenangriffen ihr Leben verloren, obwohl längst feststand, dass Deutschland besiegt war. Viele deutsche Großstädte wurden dem Erdboden gleich gemacht, nur um den Willen der deutschen Bevölkerung zu brechen und sie einzuschüchtern. Hamburg, Köln, Berlin, München – kaum ein Haus war noch bewohnbar, die komplette Infrastruktur war zerstört. Ich denke hier besonders an Dresden, wo die offizielle Geschichtsschreibung die Zahl der Toten immer weiter nach unten korrigiert hat und heute mit 25 000 Toten beziffert, während inoffizielle Stellen und vor allem Überlebende, auch Heimatvertriebene, die Zuflucht in Dresden suchten, von sechsstelligen Zahlen ausgehen. Der Angriff mit Brandstäben- und Phosphorbomben auf wehrlose Zivilisten, wie viele Tote er auch immer gefordert haben mag, war absolut ungerechtfertigt, es war Mord an wehrlosen Menschen.[180]

Meine eigene Familie hat Hitlers Wahnsinn teuer bezahlt. Mein Großvater mütterlicherseits ist in Russland gefallen, fast die ganze Familie ist bei einem Bombenangriff auf Stettin ums Leben gekommen. Meine Mutter hat nur überlebt, weil sie zu dieser Zeit bei ihrer Großmutter auf dem Land war. Die Großmutter wurde von den Russen vergewaltigt und floh mit ihrer Enkelin nach Thüringen. Dort hauste sie jahrelang in einem Lager, hat nie wirklich Anschluss in der neuen Heimat gefunden und starb später in bitterer Armut. Meine Mutter war mehr als 10 Jahre nach Kriegsende immer noch mit dem Makel Flüchtling gezeichnet.

Mein zweiter Großvater war viele Jahre in russischer Gefangenschaft. Auch seine Familie wurde vertrieben und landete in Thüringen. Nach 1950 wurde er entlassen und hat anschließend niemals über seine Erlebnisse im Krieg und in der Gefangenschaft gesprochen. Er war gezeichnet fürs Leben, ein gebrochener Mann. Beide Familien haben viele Familienangehörige, aber auch ihre Grundstücke und Häuser sowie jegliches Hab und Gut verloren. Da sie in der damaligen Ostzone gestrandet sind, haben sie auch keine Entschädigung erhalten. Ich denke also, gerade meine Familie hat zur Genüge gebüßt, wie viele andere Hunderttausende Familien auch.

Nach 1945, hauptsächlich bis zum Jahr 1947, also auch nach Ende des Krieges und der „Befreiung" starben ca. 2 Millionen Menschen während der Vertreibung aufgrund von Erschöpfung, Mangelernährung oder sie wurden ermordet.[181] Von 11 Millionen deutschen Kriegsgefangenen kehrten viele nicht mehr nach Hause zurück vor allem aus Russland, sie wurden zu Zwangsarbeit gezwungen, manchmal bis zu 10 Jahre.[182] Hunderttausende Frauen und Mädchen wurden vergewaltigt.[183]

Auf den Rheinwiesen, auf denen die Amerikaner die Kriegsgefangenen sammelten, starben Tausende Soldaten an Krankheiten, infolge von Mangelernährung und katastrophaler hygienischer Bedingungen, nachdem sie dort schutzlos in Erdmulden hausen mussten. Unter ihnen waren viele junge Burschen, nicht mal 18 Jahre alt, aber auch Alte, die vor Kriegsende noch hastig einberufen wurden.[184]

Man hat Deutschland nicht befreit, sondern besiegt und wollte alles unternehmen, um die deutsche Nation wirtschaftlich zu vernichten, denn es war den Konkurrenten in Europa und der Welt aufgrund seiner wirtschaftlichen Erfolge und seines Ranges als führende Industrienation schon lange ein Dorn im Auge.

Deutschland sollte reines Agrarland werden, wäre aber gar nicht in der Lage gewesen, die vielen Millionen Menschen zu ernähren. Hunger und Krankheiten waren die Folgen, die man billigend in Kauf nahm. Und längst nicht alle Menschen in Deutschland haben Hitler unterstützt, doch zur Verantwortung wurde die ganze Nation gezogen. Es steht außer Frage, dass Deutschland der Welt diesen Krieg aufgezwungen hat, dafür hat es bitter bezahlt.[185]

Mehr als 70 Jahre nach dem Ende des Krieges bin ich persönlich der Meinung, dass unsere Schuldigkeit längst beglichen ist. Viele deutsche Städte wurden zerstört, was an Industrieanlagen in Ost und West noch unbeschadet war, wurde abgebaut und ins Ausland geschafft oder wir wurden gezwungen, einen Teil der Produktion unentgeltlich abzugeben. Fabriken, die nicht abgebaut werden konnten, sollten zerstört werden. Dazu mussten die Arbeiter die Anlagen vernichten, die ihnen das tägliche Brot sicherten und sie schließlich in das Elend der Arbeitslosigkeit führten.[186]

Die Kohlebergwerke, vor allem im Ruhrgebiet sollten geschlossen werden, denn Kohle war damals als wichtiger Energielieferant existenziell wichtig für die Wirtschaft.[187] Auch in Ostdeutschland wurde alles abgebaut, was nicht niet- und nagelfest war. 12 Millionen Menschen mussten ihre Heimat verlassen.[188]

Doch dem nicht genug, die Alliierten entführten deutsche Wissenschaftler und zwangen sie, für ihre Interessen zu arbeiten.[189] Fachleute zogen durch Deutschland, entwendeten deutsche Patente, stahlen Unterlagen aus Forschung und Entwicklung und konfiszierten deutsches Eigentum im Inn- und Ausland rigoros.[190] Später musste die deutsche Bundesregierung erklären, dass sie auf alle Zeit auf jegliche Schadensersatzansprüche aus diesen Raubzügen verzichtet.[191]

Für die Kosten der Besatzung und Stationierung ausländischer Soldaten mussten auch die deutschen Steuerzahler aufkommen, sowohl auf ostdeutscher wie auf westdeutscher Seite. Viele Milliarden hat das

verschlungen, für die auf deutschem Boden stationierten Amerikaner zahlen wir noch heute.[192]
Noch immer gibt es im Grundgesetz den Artikel 120, Absatz 1, der folgendes besagt: *„Der Bund trägt die Aufwendungen für Besatzungskosten und die sonstigen inneren und äußeren Kriegsfolgelasten nach näherer Bestimmung von Bundesgesetzen."*[193]
Die Amerikaner misstrauten Stalin von Anfang an. Sie änderten ihre Politik gegenüber Deutschland, weil sie in Europa ein starkes Bollwerk gegen die Russen brauchten. Aus diesem Grund lag es in ihrem Interesse, dass Deutschland sich wirtschaftlich erholt und sich militärisch gegen die Russen stellen kann, natürlich alles unter Kontrolle der Amerikaner.
Stalin hatte angeboten, alle deutschen unter Besatzungsmacht stehenden Gebiete unter der Bedingung wiederzuvereinigen, dass Deutschland ein neutraler Staat wird und nicht der NATO beitritt. Konrad Adenauer lehnte diesen Vorschlag ab, er hätte niemals die Billigung der Amerikaner gefunden. Schließlich trat die neu gegründete Bundeswehr Jahre später der NATO bei, es kam zum Kalten Krieg.[194] All dies gehört auch zur deutschen Vergangenheit, wird aber kaum publiziert.

Doch dem nicht genug: Obwohl der Staat Israel erst 1948 gegründet wurde, kam dieses Land nun ebenfalls auf Deutschland zu und verlangte Entschädigungen für den Vernichtungskampf Hitlers gegen die Juden und für die Enteignung jüdischen Besitzes. Die vor allem in die USA ausgewanderten Juden überzogen und überziehen den deutschen Staat bis heute mit Entschädigungsforderungen unvorstellbaren Ausmaßes.[195] Und Deutschland zahlt, ohne genauer hinzusehen und zu kontrollieren, ob die Zahlungen tatsächlich zu 100 Prozent bei den Geschädigten ankommen.[196] Gewiefte amerikanische Anwälte suchen bis heute nach Möglichkeiten, um dem deutschen Staat und damit den Steuerzahlern weiteres Geld aus den Taschen zu ziehen. Diese Anwälte haben sich über Jahrzehnte damit ein horrendes Vermögen erwirtschaftet.
Kann oder will die Bundesregierung überhaupt die Frage beantworten, auf welche Summe sich die gezahlten Reparations- und Entschädigungszahlungen in den letzten 70 Jahren belaufen haben? Ich glaube nicht.

Bis zum heutigen Tag und noch viele weitere Jahre, wenn nicht gar Jahrzehnte wird Deutschland für die so genannten Kriegsfolgelasten aufkommen müssen. Das lehne ich strikt ab. Ich habe nichts verbrochen und bin der Meinung, dass wir unseren Verpflichtungen zur Genüge nachgekommen sind. Wie kann es sein, dass ich mit meinen Steuern und Sozialabgaben dafür gerade stehen muss, was vor mehr als 70 Jahren geschehen ist.

Aber gerne geht man noch viele weitere Jahre zurück. Nachdem der Bundestag in der denkbar ungünstigsten Zeit, die Verbrechen an den Armeniern durch die Türken als Völkermord bezeichnet hat, meldeten sich sofort die Sprecher der Herero und Nama in Namibia aus der ehemaligen Kolonie Deutsch-Südwestafrika zu Wort und verlangten, dass auch das an ihnen begangene Verbrechen zwischen 1904 und 1908 als Völkermord bezeichnet wird.

Ihr Sprecher fordert ganz konkret, dass 1. die Verbrechen als Völkermord benannt werden, 2. sich Deutschland dafür offiziell entschuldigt und 3. - und das sei der wichtigste Punkt - Deutschland entsprechende Entschädigungszahlungen leistet. Die Volksgruppe bereitet eine Klage vor dem Internationalen Schiedsgerichtshof in Den Haag vor.[197] Es geht also in erster Linie – wie sollte es anders sein – um das deutsche Geld. Geht es eigentlich noch, sollen wir jetzt mit unseren Steuergeldern auch noch dafür aufkommen, was vor mehr als 110 Jahren geschehen ist, als ein wild gewordener General nach Aufständen von Einheimischen die Ermordung und Vertreibung dieser Volksgruppen befohlen hat? Reicht es nicht, dass gerade auf dem afrikanischen Kontinent das Land Namibia die höchsten Zahlungen an Entwicklungshilfe aus Deutschland in den letzten Jahrzehnten in Höhe von 880 Millionen Euro erhalten hat?[198] Wer meint als nächstes finanzielle Forderungen an Deutschland stellen zu können? Es muss jetzt Schluss sein und die deutsche Bundesregierung sollte diesbezüglich endlich mal klar Stellung beziehen.

Werden denn andere Staaten ebenso zur Verantwortung gezogen für die Verbrechen, die sie verschiedenen Volksgruppen oder Minderheiten angetan haben? Viele Länder besitzen Atomraketen, aber die USA sind das einzige Land, das sie auch gegen Menschen eingesetzt hat. Wurden sie dafür zur Verantwortung gezogen, haben sie sich dafür

entschuldigt, was sie der wehrlosen Bevölkerung in Hiroshima und Nagasaki angetan haben?[199]
Zahlt die USA an die Opfer der Angriffe mit Agent Orange in Vietnam Entschädigungen? Nein! Man lehnt die Verantwortung dafür ab, zahlt aber an die eigenen Soldaten, die dort im Einsatz waren und mit dem Unkrautvernichtungsmittel in Kontakt kamen, Renten und Entschädigungen.[200]
Kann ein Land ruhigen Gewissens behaupten, dass es frei von jeglicher Schuld sei? Wurden die Briten und Amerikaner für ihre aggressive Politik und ihre Kriege um die Herrschaft über das Öl und Gas oder den ungerechtfertigten Irak-Krieg sowie ihre permanente Einmischung in die Weltpolitik zur Durchsetzung ihrer Interessen zur Verantwortung gezogen? Nein.
Wo könnten wir heute finanziell stehen, wenn uns nicht Jahrzehnt für Jahrzehnt die Milliarden abgenommen worden wären, dann wären wir vielleicht wirklich ein Staat mit einem gesicherten und funktionierenden Sozialsystem. Und ich bin fest davon überzeugt, dass wir unserer humanitären Verantwortung gegenüber dem Elend dieser Welt genauso verantwortungsvoll nachgehen würden, ohne von vielen Ländern und Volksgruppen permanent mit Geldforderungen erpresst zu werden. Denn wir Deutschen büßen und zahlen bis heute.

Abschließend sei festzustellen: Das dunkle Kapitel unserer Geschichte gehört auch zu Deutschland, das stellen wohl die wenigsten von uns in Frage. Das ist ein Teil von uns und für den haben wir ausreichend Verantwortung übernommen.
Der Satz: *„Von deutschem Boden darf nie wieder ein Krieg ausgehen!"*, sollten wir alle unterschreiben. Den Überlebenden des Holocaust und den Opfern der Nazis soll ein menschenwürdiger Lebensabend gesichert werden. Obwohl es immer weniger Überlebende gibt, steigt der Betrag von Jahr zu Jahr.[201] Begründet werden die Steigerungen damit, dass ein erhöhter Pflegebedarf besteht. Dann hoffen wir einmal, dass das Geld wirklich bei den Bedürftigen ankommt.

Verantwortung für die noch lebenden Holocaust- und NS-Opfer sind selbstverständlich, aber ansonsten müssen die Deutschen und damit unsere Bundesregierung der Welt klar machen, dass wir nicht bereit sind, weiterhin überzogene Forderungen von wem auch immer zu bedienen.

Wir zahlen allerdings nicht nur für die Vergangenheit, wir verteilen unser Geld in vielen Bereichen großzügig in Europa und der Welt. Deutschland gehört zu den Nettozahlern in Europa und das ohne Unterbrechung seit dem Beginn der Europäischen Union. Es ist aber nicht nur das Geld, was in der EU an die Nehmerländer umverteilt wird, sondern wir zahlen auch kräftig für den vollkommen aufgeblasenen EU-Apparat mit seinen tausenden Mitarbeitern und seinen vielen Kommissionen. Ein Abgeordneter im EU-Parlament verdient ungefähr so viel wie ein Abgeordneter im Deutschen Bundestag, in vielen Fällen sogar mehr. Parlamentspräsident Martin Schulz kassiert neben seiner Abgeordnetenentschädigung weitere – übrigens steuerfreie - Zulagen mit einem monatlichen Wert von ca. 18.000 Euro.[202] Wenn Sie sich vorstellen, dass wir nach Angaben des Bundesfinanzministeriums 21,7 Prozent der Kosten für den gesamten EU-Haushalt bestreiten, dann können Sie sich ja vorstellen, wie uns auch diese Kosten belasten.[203]

Nehmen wir uns einmal ein stark vereinfachtes Beispiel vor. Fahren Sie in Deutschland über einen Autobahnabschnitt, an dem ein Schild angebracht ist: *„Gefördert mit Mitteln der Europäischen Union"*, dann können Sie sich das wie folgt vorstellen: Wir geben Brüssel – sagen wir mal – 20 Millionen Euro und bekommen dann für den Bau 15 Millionen wieder zurück. Dafür müssen Anträge gestellt, Verfahren eingeleitet, Fördermittel beantragt werden. Abgesehen vom Verwaltungsaufwand zieht sich das in ewig die Länge. Berücksichtigt man das alles, dann ist das ein schlechtes Geschäft, finden Sie nicht?
Fahren Sie aber auf Ihrer Fahrt in den Sommerurlaub über einen Autobahnabschnitt in Slowenien und da steht ein Schild: *„Gefördert mit Mitteln der Europäischen Union"*, dann haben Sie diese Autobahn mit finanziert. Als kleines Dankeschön müssen Sie für die Benutzung eine vollkommen überteuerte Vignette kaufen und das nicht nur einmal, sondern jedes Mal, wenn Sie die Autobahn benutzen.
Aber wir Deutschen lassen uns von Brüssel verbieten, für ausländische Benutzer unserer Straßen Gebühren einzufordern. Unglaublich!

Das Thema ist wohl längst wieder in der Schublade unseres Verkehrsministers verschwunden.[204]

Wir zahlen nicht nur den laufenden Haushalt der EU in vielen Bereichen, wir müssen mit unserem Anteil auch für die Pensionen der europäischen Politiker und Bediensteten aufkommen.[205] Und das werden immer mehr.

Man hat oft den Eindruck, dass deutsche Politiker mit dem Scheckbuch ins Ausland reisen und mit Auszeichnungen und Ehrendoktorwürden wieder zurückkehren. Das UN-Gebäude in New York wurde für mehr als 1 Milliarde Euro saniert. Deutschland zahlte davon allein 170 Millionen, ein ständiger Sitz im UN-Sicherheitsrat wird uns bis heute verweigert, obwohl gerade die Bundesregierung alles versucht, die schwelenden Konflikte auf der Welt immer wieder zu befrieden.[206]

Israel erhält großzügig Waffenlieferungen aus Deutschland im Wert von vielen hundert Millionen Euro. Aufgrund unserer besonderen historischen Verantwortung, wie man das gerne nennt, hat sich die deutsche Bundesregierung an den Kosten für gelieferte U-Boote mit 30 Prozent beteiligt.[207]

Der Sicherheitsrat der Vereinten Nationen in New York hat fünf ständige Mitglieder (Großbritannien, Russland, China, USA und Frankreich). Hinzu kommen zehn nicht ständige Mitglieder, die für zwei Jahre gewählt werden. Zurzeit sind das: Ägypten, Angola, Japan, Neuseeland, Malaysia, Venezuela, Senegal, Spanien, Ukraine und Uruguay.[208] Deutschland bemüht sich seit Jahren, einen festen Sitz im Sicherheitsrat zu bekommen, das wird allerdings abgelehnt. Deshalb bewirbt sich Deutschland für die Jahre 2019/2020 für einen nichtständigen Sitz.[209]

Deutschlands Anteil am UN-Haushalt betrug im Jahre 2015 ca. 6,4 Prozent. Hinzu kommen weitere Kosten für *„Friedensmissionen"*, die mit fast 8 Milliarden US-Dollar veranschlagt sind. Auch hier beteiligt sich Deutschland mit dem genannten Prozentsatz. Hinzu kommen weitere freiwillige Beiträge.[210]

Die Nato muss ebenfalls finanziert werden, sowie die Einsätze der Bundeswehrsoldaten im Ausland. Wir beteiligen uns an vielen Projekten auf der ganzen Welt direkt oder indirekt über Brüssel.

Seit Jahrzehnten kommt Deutschland seiner humanitären Verantwortung gegenüber den Ländern der Dritten Welt, vor allem auf dem afrikanischen Kontinent nach. Hunderte Millionen an Entwicklungshilfe sind vor allem in die ärmsten Länder Afrikas und Asiens geflossen. Aufgrund der Tatsache, dass dennoch die Armut weiter steigt, die Zahl der Analphabeten nicht wesentlich verringert wurde, aber vor allem die Bevölkerung in diesen Ländern kontinuierlich wächst, muss man berechtigt die Frage stellen, ob die Hilfe vor Ort wirklich ankommt. Man geht davon aus, dass sich die Bevölkerung in Afrika in den nächsten Jahrzehnten verdoppeln wird. Die ärmsten Länder der Welt haben das größte Bevölkerungswachstum.[211]
Vor allem in Afrika haben viele Länder in den fünfziger und sechziger Jahren des letzten Jahrhunderts ihre Unabhängigkeit erkämpft. Doch was ist seitdem geschehen? Korrupte Regierungen erhalten Gelder und geben sie nicht an die Bevölkerung weiter. Mangelnde Wasserversorgung, brach liegende Landwirtschaften, marode Infrastruktur vor allem bei der Versorgung mit Strom, katastrophale medizinische Betreuung, fehlende Rechtsstaatlichkeit und schwelende Konflikte zwischen verschiedenen Bevölkerungsgruppen behindern die Entwicklung dieser Länder.[212]

Unterstützung aus Deutschland, Europa und der Welt erreicht ihr Ziel nur, wenn sie als Hilfe zur Selbsthilfe gesehen wird. Einfach nur Geld zu überweisen oder Kredite zu vergeben, um sein moralisches Gewissen zu beruhigen, reicht nicht aus. Wer Geld erhält, muss sich einer permanenten Kontrolle unterziehen. Geld ja, aber nur für konkrete Projekte. Land für Bauern und Hilfsgeräte für die Bewirtschaftung, Vieh zur Milch- und Fleischgewinnung, kleine Werkstätten, einfache Werkzeugmaschinen, Ackergerät, Saatgut, Baumaterialien, Investitionen in eine funktionierende Wasserversorgung, Ausbau der Stromversorgung.
In vielen Ländern des afrikanischen Kontinents kann ein hoher Anteil der Bevölkerung nicht lesen und schreiben, in einigen Ländern mehr als die Hälfte, z. B. Niger (80 %), Mali (65 %), Senegal (57 %).[213]

Armut kann nur mit Bildung besiegt werden, vor allem vernünftiger Berufsausbildung.
Wie kann es sein, dass Länder, die über Bodenschätze verfügen, trotzdem zu den ärmsten Staaten der Welt gehören? Nigeria zum Beispiel ist eines der führenden Länder beim Export von Erdöl. Trotzdem leben ca. zwei Drittel der Bevölkerung in Armut, mehr als die Hälfte sogar in extremer Armut und dennoch hat sich die Bevölkerung in den letzten dreißig Jahren mehr als verdoppelt. Jedes 10. Kind stirbt, bevor es das 5. Lebensjahr erreicht hat.[214]

Außerdem muss die Zusammenarbeit der starken Industrienationen mit den Entwicklungs- und Schwellenländern dringend überdacht werden. Bisherige Zusammenarbeit kann wohl eher als Ausbeutung bezeichnet werden und nicht als gleichberechtigte Partnerschaft.
Ich möchte das an einem Beispiel erläutern: Viele Fischer in Küstenregionen vor allem in Afrika dürfen nur noch in geringem Umfang in ihren eigenen Gewässern ihren Lebensunterhalt mit Fischfang verdienen. Ihre Regierungen haben die Rechte daran an Europa verkauft. Die Erlöse wurden aber nicht dafür verwendet, den Menschen neue Lebensperspektiven zu schaffen. Sie leiden an Hunger und fristen ihr Dasein in unglaublichem Elend. Die europäische Fischereiflotte, die überdimensioniert groß ist und mit EU-Geldern gefördert wird, ist nun vor den Küsten in Afrika unterwegs, weil unter anderem die Nordsee und der Atlantische Ozean an der Küste zu Europa schon längst leergefischt sind. Die EU überdenkt zwar ihr Verhalten gegenüber den afrikanischen Küstenländern, mit denen sie Verträge abgeschlossen haben. Sie geben den Ländern finanzielle Mittel, kontrollieren aber nicht, ob sie der Fischereiindustrie zu Gute kommen. Denken Sie aber nicht, dass es etwas ändern würde, wenn man diese Praxis verbieten würde. Dann gingen die Rechte eben an die Russen oder Chinesen. Der Meistbietende erhält den Zuschlag. Hier gehört endlich von internationaler Seite eingeschritten.[215] Man kann nicht die Wanderbewegungen der Menschen aus Afrika nach Europa stoppen wollen und ihnen andererseits die Lebensgrundlagen zerstören. Und dabei kommen bisher nur die *„Wohlhabenden"* in Europa an, die das Geld für die Schlepper aufbringen konnten.
Nachdem der Druck der Migranten aus Afrika verstärkt zunimmt, machte sich Entwicklungsminister Müller auf den Weg in den Sene-

gal, Niger und nach Ruanda. Viel zu spät! Er wirbt für einen fairen Umgang mit afrikanischen Staaten und fordert ein Ende der ungleichen Handelsbeziehungen.[216] Warum ist das nicht längst geschehen? Denn nicht nur in Sachen Fischerei, sondern auch in anderen Bereichen werden subventionierte Lebensmittel aus der EU nach Afrika geliefert.[217]

Heidemarie Wieczorek-Zeul von der SPD, damalige Bundesministerin für wirtschaftliche Zusammenarbeit und Entwicklung in der Regierung Schröder sagte am 8. Mai 2003 im Deutschen Bundestag:

„Wir müssen die Mittel auf den Kampf gegen Armut, Ungerechtigkeit, Hunger und Unwissenheit konzentrieren. Jenseits aller aktuellen Diskussion empfinde ich es als einen niemals hinzunehmenden Skandal, dass Mittel für Krieg in Milliardenhöhe schlagartig mobilisiert werden können, im Kampf gegen Armut und gegen das Sterben von Kindern aber um jeden Dollar und jeden Euro zusätzlich gerungen werden muss!"
Während der gleichen Debatte sagte Arnold Vaatz (CDU/CSU):
„Mittelfristig ist die Qualität, in der diese Aufgabe gelöst wird, nicht allein für die betroffenen Menschen elementar, sondern sie auch elementar in Bezug auf unsere Zukunft hier in den gesamten hoch entwickelten Ländern; denn wenn wir die Not nicht lindern, schlägt das auch auf uns zurück."

Dr. Gesine Lötzsch (Die LINKE)
„Die Kriege der Ersten Welt gegen die Dritte Welt werden jetzt schon als Entwicklungshilfe deklariert. Es wird gebombt und dann wird aufgebaut. Das ist besonders perfide."

Wahre und ehrliche Worte aus dem Bundestag![218] Doch was ist in den letzten anderthalb Jahrzehnten diesbezüglich geschehen? Noch immer wurde das Ziel nicht erreicht 0,7 Prozent des Bruttoinlandsproduktes in die Entwicklungshilfe zu investieren.[219] Entwicklungshilfe darf aber nicht darin bestehen, der deutschen Wirtschaft neue Verdienstmöglichkeiten zu verschaffen, sondern muss dazu dienen, Schulen und berufliche Ausbildungsstätten zu bauen und zu betreiben, Krankenhäuser zu errichten und für ihren Unterhalt zu sorgen, die Infrastruktur auszubauen usw.

Jahr für Jahr steigen die Exporte von Rüstungsgütern aus Deutschland. Diese Waren bzw. Rüstungslizenzen gehen in mehr als 120 Länder, darunter auch Länder wie Afghanistan, Irak, Israel, Jemen, Libanon, Mali, Nigeria, Saudi-Arabien, Pakistan, Senegal und Ukraine.[220] Zum Teil handelt es sich zwar um Rüstungsexporte, die ausschließlich dem Zwecke der Verteidigung dienen wie zum Beispiel gepanzerte Fahrzeuge. Das ist an sich nicht verwerflich. Aber leider werden auch Waffen und Munition in Länder geliefert, deren Rolle in aktuellen Krisen vor allem im Zusammenhang mit dem Erstarken des Islamischen Staates nicht abschließend geklärt ist.
Ich denke hier an Saudi-Arabien, dem immer wieder vorgeworfen wird, dass Milliarden schwere Großfamilien durchaus mit der Terrormiliz sympathisieren und sie unterstützen. Die jährlichen Lieferungen in dieses Land betragen meist dreistellige Millionenbeträge nur allein aus Deutschland.[221] Aber auch bei den Amerikanern kaufen die Saudis kräftig ein.[222] Der Einsatz dieser Waffen, vor allem im Konflikt mit dem Jemen, ist scharf zu verurteilen. Im Jemen, einem der ärmsten Länder der Welt, herrscht seit vielen Monaten Bürgerkrieg. Rebellen haben den Präsidenten gestürzt, sie werden ihrerseits nun von Saudi Arabien bekämpft. Es herrscht eine große Hungersnot, Millionen Menschen sind auf der Flucht.[223]

Wirtschaftsminister Gabriel verteidigt die Exportgenehmigungen mit geltenden und vor langer Zeit abgeschlossen Verträgen, die bereits vor seiner Amtszeit unter der schwarz/gelben Regierung vereinbart wurden.[224] Seiner Ankündigung, ein besonderes Augenmerk auf die deutschen Rüstungsexporte zu werfen, müssen nun aber Taten folgen. Es ist unverantwortlich, dass man Waffen in Krisenregionen der Welt liefert, aber andererseits die Fluchtursachen bekämpfen will. Wie kontrolliert der deutsche Staat, was mit den Waffen passiert? Korruption in vielen Ländern ist an der Tagesordnung, wer garantiert, dass die Waffen nicht gegen entsprechende Zahlungen weitergegeben werden.
Insgesamt ist ein enormer Anstieg der Aktienkurse von Rüstungskonzernen zu beobachten. Viele Länder steigern ihre Militärausgaben

aufgrund der angespannten internationalen Lage und im Kampf gegen den Terror.(225)

Laut Angaben des Stockholmer Friedensinstituts SIPRI sind die Militärausgaben im Jahr 2015 weltweit auf 1,47 Billionen Euro gestiegen. Eine unvorstellbare Summe, wie viele Menschen könnten davon langfristig vor dem Hungertod bewahrt, wie viele Schulen und Krankenhäuser gebaut werden, wie vielen Menschen könnte man mit diesem Geld Hilfe zur Selbsthilfe geben. Vor allem Russland, China, aber auch Saudi Arabien haben ihre Militärausgaben enorm gesteigert. 36 Prozent der weltweiten Militärausgaben gehen auf das Konto der USA, danach folgen China mit 13, Saudi Arabien mit 5,2 und Russland mit 4 Prozent. Deutschland belegt Rang 9 mit 2,4 Prozent.(226)
Die Bundesregierung, allen voran Frau Merkel und Herr Gabriel sollten sich erst dann wieder vor die Presse stellen und gegenüber uns Deutschen die Not und das Elend auf der Welt bedauern, das durch Kriege und Gewalt, vor allem im Nahen Osten und in Afrika ausgelöst wurde, wenn sie zum einen die deutschen Waffenlieferungen in Krisengebiete und Länder der Dritten Welt eingestellt haben und zum anderen unsere amerikanischen und israelischen Freunde davon überzeugt haben, dass man Konflikte nicht mit Waffen, sondern nur durch konsequente Verhandlungen und ohne Gewalt löst.

Gegenüber dem russischen Volk haben wir eine besondere historische Verantwortung. Auch wenn ihre Rolle nach 1945 im Nachkriegsdeutschland sehr kritisch zu sehen ist, hat Hitler dem Land einen Krieg aufgezwungen, der ca. 25 Millionen Menschen in Russland das Leben gekostet hat.(227)
Hat man in Berlin vergessen, dass wir die deutsche Einheit auch Moskau zu verdanken haben? Nach dem Zusammenbruch des Warschauer Paktes (dem ehemaligen Militärbündnis des Ostblocks) hat sich die Nato immer weiter in Richtung Russland ausgebreitet. Georgien und die Ukraine streben ebenfalls einen Beitritt zur Nato an.(228) Dass die Russen dabei nicht seelenruhig zuschauen, muss doch jedem vernünftigen Menschen klar sein, vor allem weil der Zugang zum Schwarzen Meer strategisch sehr wichtig ist.(229) Die Besetzung der Krim war Unrecht - keine Frage, aber blieb Putin wirklich eine andere Wahl?

Geht von Russland wirklich so viel Gefahr aus, wie man uns ständig einzureden versucht? Die Amerikaner unterhalten hunderte Militärbasen, verteilt auf der ganzen Welt. Russland hingegen hat 20 Stützpunkte außerhalb seiner Landesgrenzen, vor allem in ehemaligen Ländern, die zur Sowjetunion gehörten und in Syrien.[230]
Die von den USA geforderten und der EU verabschiedeten Sanktionen gegen Russland treffen europäische Firmen besonders hart. Viele Aufträge sind dadurch nicht zustande gekommen. Vor allem deutsche Firmen leiden besonders, einige haben hohe Umsatzeinbußen zu verkraften.[231]
Wussten Sie aber, dass der Handel zwischen Russland und der USA seitdem um ca. 6 Prozent gestiegen ist. Die Amerikaner interessieren sich keineswegs für die Sanktionen und machen fleißig Geschäfte auch mit Firmen und Personen, die auf den Sanktionslisten ganz oben stehen. Nur wir Europäer sind so dumm und schädigen uns selbst. Sanktionen treffen immer die einfachen Menschen in den betreffenden Ländern.[232]
Russland wurde aus dem Kreis der führenden Wirtschaftsländer, den so genannten G8 ausgeschlossen, eine Rückkehr wird immer unwahrscheinlicher, auch auf Druck der Amerikaner.
Meint die Nato wirklich, dass sie mit Truppenmanövern an der russischen Grenze im Baltikum oder mit der groß angelegten Übung *„Anakonda"* in Polen die Russen beeindrucken kann?[233] Obama hatte sich die atomare Abrüstung in die Agenda seiner Amtszeit geschrieben. Und dennoch sollen die Atomwaffen, auch in Deutschland, erneuert werden. Russland wird nicht tatenlos zusehen.[234] Welche Rolle spielten die Amerikaner in der Ukraine bei den Protesten auf dem Maidan im Jahre 2013? Das ist noch immer nicht endgültig geklärt!

Abschließend sei festgestellt: Gerade aufgrund unserer historischen Verantwortung und im Hinblick auf die wirtschaftliche Zusammenarbeit sollten wir das Schwarz-Weiß-Denken endlich aufgeben und zu einem Dialog mit Russland auf Augenhöhe zurückkehren.

Die deutschen Medien

Die deutschen Medien, egal ob Zeitung oder Fernsehen, haben in den letzten Wochen und Monaten viel Prügel einstecken müssen und das nicht ohne Grund.
Mir persönlich ist erstmals ihre Berichterstattung während der Winterolympiade in Sotschi sehr negativ aufgefallen. Schon im Vorfeld wurde kein gutes Haar an den Organisatoren und der russischen Regierung gelassen. Doch selbst, während die Spiele in vollem Gange waren, wurde immer wieder alles in Frage gestellt und die Wahl des Austragungsortes kritisiert. Deutsche Sportler wurden permanent dazu interviewt. Es ging mir persönlich dermaßen auf die Nerven, dass ich den Sender gewechselt und lieber längere Werbepausen in Kauf genommen oder mir die Rennen und Veranstaltungen im Internet angesehen habe. Als großer Wintersportfan habe ich mich sehr auf die Spiele gefreut. Leider wurden sie permanent zu politischen Zwecken missbraucht.

Ich möchte mich allerdings nicht in die Reihen derer einordnen, die unsere Presse als *„Lügenpresse"* bezeichnen. Die Medien haben sich im Laufe der Jahre zum Sprachrohr der Politik gemacht, die aber von immer mehr Bürgern kritisch gesehen wird.
Alleine die Wortwahl einer einfachen Tagesschau- oder einer Heute-Sendung hat nichts mehr mit der reinen Informationspflicht dieser Nachrichtensendung zu tun. Häufig wird der Zuschauer mit wenigen Worten beeinflusst, oft belehrt oder ihm wird eine fremde Meinung aufgedrängt. Das sollte aber lediglich dem Kommentar vorbehalten sein.

Ich möchte das an einem Beispiel veranschaulichen:
Die Berichterstattung zu Russland in den deutschen Medien ist oft sehr einseitig. Das zeigt sich auch in der Ukrainekrise. Ich möchte das am Beispiel einer Meldung in der Tagesschau belegen.
Sie lautete wie folgt: *„Auslöser der jüngsten Spannung ist ein angeblicher Angriff auf die Krim von ukrainischer Seite. Das russische Fernsehen zeigt Bilder von Sprengstoff, Zündern und Handgranaten, die bei den festgenommenen Saboteuren gefunden worden sein sollen."*[235]

Haben Sie die Worte *„angeblichen, gefunden worden sein sollen"* bemerkt? Das Wort *„angeblichen"* wurde besonders betont. In unseren Nachrichten wird grundsätzlich in Frage gestellt, was Moskau bzw. Putin sagt. Hört man das ständig in dieser Form, dann kommt einem Zuhörer, der immer wieder vermittelt bekommt, wie gefährlich Herr Putin ist, sofort der Gedanke, dass hier gelogen wird. Das wissen wir aber nicht. Es herrscht in allen Medien Übereinstimmung darüber, dass Putin der Inbegriff des Bösen ist, alle anderen sind die Guten. Ganz so einfach kann man es sich aber nicht machen.

Genauso verhält es sich mit der Berichterstattung über den US-amerikanischen Wahlkampf. Selbst Angela Merkel hält sich hier zurück und kommentiert das nicht. Sehr einseitig wird Donald Trump über alle Sender und Zeitungen hinweg als nicht zurechnungsfähig und unberechenbar verteufelt. Er wird aber von ca. der Hälfte der Amerikaner als Präsidentschaftskandidat favorisiert und das muss Gründe haben. Auch darüber möchte ich umfassend informiert werden. Ich möchte nicht einige seiner Aussagen, die manchmal aus dem Zusammenhang gerissen wurden, präsentiert bekommen, sondern ich will die komplette Information. Ein Urteil kann ich mir dann selber bilden.
Hillary Clinton ist ebenfalls sehr kritisch zu sehen. Schon während ihrer Zeit als Außenministerin hat es viele Ungereimtheiten und Vorfälle gegeben. Über ihre so genannte *„E-Mail-Affäre"* wird zwar berichtet, viel wichtiger wäre es aber darauf hinzuweisen, dass sie während ihrer Zeit als Außenministerien keine positive Rolle bei den Konflikten im Nahen Osten gespielt hat.[237]
Es ist zu befürchten, dass sie nicht zu einem vernünftigen Dialog mit Russland auf Augenhöhe zurückkehren wird. Clintons Wahlkampf wird von Rüstungsfirmen finanziell unterstützt, auch aus Deutschland kommen Spendengelder.[238][239] Das gehört auch in die Berichterstattung, wenn man vorgibt, umfassend und sorgfältig zu recherchieren. Frau Clinton wird wohl kaum zur Befriedung der Welt beitragen.

Die Berichterstattung der deutschen Medien über die Flüchtlingskrise in den vergangenen Jahren war und ist nach wie vor sehr einseitig. Eine Untersuchung der Hamburg Media School hat belegt, dass die

Meldungen zu über 80 Prozent ausschließlich positiv geprägt waren.[240] Probleme, die schon lange ersichtlich wurden, ignorierten Zeitung und Fernsehen dagegen lange Zeit.

Sicher haben Sie noch die Meldungen über die unhaltbaren Zustände im griechischen Grenzort Idomeni in Erinnerung. Obwohl Unterkünfte und Transportmöglichkeiten bereit standen, wurde dies oft nur am Rande erwähnt. Stattdessen wurden uns permanent Bilder von Kindern gezeigt, die Wasserwerfern und Stacheldraht gegenüber standen. Würden Sie Ihr Kind in den Strahl eines Wasserwerfers der mazedonischen Grenzschützer halten oder mit Pfefferspray besprühen lassen? Ich denke nicht, Sie würden Ihr Kind sofort aus der Gefahrenzone schaffen.
Die Flüchtlinge weigerten sich schlichtweg und wollten sich in Griechenland nicht stoppen lassen, denn sie wollten umgehend zu ihrem erklärten Ziel Deutschland und *„Mama Merkel"* weiterreisen. Ich kann ihre Enttäuschung und Verbitterung verstehen, nachdem sie es so weit geschafft hatten.[241] Aber gewaltsam eine Grenze zu stürmen, kann nicht akzeptiert werden und uns die Schuld dafür einzureden auch nicht.

Selbst nachdem Bundesarbeitsministerin Andrea Nahles einräumen musste, dass nur wenige Flüchtlinge für den deutschen Arbeitsmarkt eine Eignung vorweisen können,[242] titelt dennoch die Tagesschau *„Hochqualifiziert – aber nicht ausgebildet"*. Es wird eine irakische Familie mit zwei Töchtern vorgestellt, die Christen sind. Eine der beiden Mädels kommt in die zweite Klasse, die 14-jährige kann auf das Gymnasium wechseln. Man betont, dass diese Familie keine Ausnahme wäre. Und wieder falsch! Erstens: Christen sind unter den Flüchtlingen in der Minderheit, Familien ebenso. Und zweitens: Die Befragung, die durch das BAMF bei Flüchtlingen mit Bleibeperspektive durchgeführt wurde, erfolgte auf freiwilliger Basis und man bezog sich lediglich auf die Angaben der Flüchtlinge, ohne ihren Wahrheitsgehalt zu prüfen. Fast die Hälfte hätten ein Gymnasium oder eine Hochschule besucht. Das muss man doch stark anzweifeln, wenn man allein an die Zahl der Analphabeten in den Ländern denkt. [243]

Flüchtlinge werden sogar bei Naturkatastrophen instrumentalisiert, um Frau Merkels Motto „*Wir schaffen das*" zu unterstützen. Bei der Hochwasserkatastrophe 2015 in Bayern wurde quer durch alle Nachrichtensendungen und Zeitungen nicht vergessen darauf hinzuweisen, dass Flüchtlinge geholfen haben.[244] Eigentlich eine Selbstverständlichkeit. Was sollen uns diese Berichte sagen?

Die enge Verbindung der Politik mit den Medien wurde in einem Urteil des Bundesverfassungsgerichtes kritisiert, sie forderten eine Verringerung der Anzahl der staatlichen Vertreter im Fernsehrat des ZDF.[245] Steffen Seibert vom Presse- und Informationsamt der Bundesregierung arbeitete übrigens lange Zeit für das ZDF.[246]

Die Berichterstattung über die AfD reiht sich da nahtlos ein. Haben denn unsere Fernsehsender oder die Zeitungen immer noch nicht begriffen, dass sie selbst die beste Wahlwerbung für die AfD machen? Ist das wirklich guter Journalismus, wenn ich einen Herrn Gauland mit dem *„Nachbarn Boateng"* aufs Glatteis führe?[247]
Nach dem immer gleichen Strickmuster werden bei Anne Will, Maybritt Illner, Maischberger, Plasberg und Co. die Gäste ausgewählt. Die Anhänger von Merkels Politik sind dabei meist in der Überzahl. Auch die Moderatoren erfüllen alle Anforderungen in Bezug auf die selbst auferlegte *„politische Korrektheit"*. Ihnen wird vom manchmal sehr jungen Publikum applaudiert, während der Applaus bei den Gegnern von Merkels Politik in der Regel ausbleibt. Laut neuesten Umfragen lehnt ein Großteil der Bevölkerung die Flüchtlingspolitik der Kanzlerin ab.[248] Diese Menschen habe ich bisher kaum im Publikum der Sendungen ausmachen können.

Zeitungen beklagen, dass ihnen die Leser davonlaufen. Das ist sicher nicht nur der oft einseitigen Berichterstattung geschuldet, sondern auch dem Internet. Meldungen verbreiten sich in Deutschland, vor allem in den sozialen Netzwerken so schnell, dass sie am nächsten Tag bei Erscheinen der Zeitung schon längst kalter Kaffee sind. Das tägliche Leben zeigt den Bürgern andere Bilder, als die, die wir in Zeitung und Fernsehen zu sehen bekommen. Auf der Suche nach Informationen durchforsten die Menschen das Internet. Und hier werden sie mit Meldungen konfrontiert, die häufig ganz anders lau-

ten, aber auch nicht immer der Wahrheit entsprechen. Gerüchte breiten sich rasant aus und halten sich hartnäckig. Das ist Besorgnis erregend. Man sollte sich auch die Frage stellen, warum die Menschen den Berichten nicht trauen und nach anderen Antworten suchen? Wie konnte es dazu kommen?
Es gibt allerdings auch gute Berichte und Reportagen in Zeitung und Fernsehen. Viele davon habe ich bei meinen Recherchen gefunden. Vor allem gute Reportagen schaffen es leider nicht immer in die Hauptsendungen und landen oft nur in den Zusatzangeboten der Sender und das zu unmöglichen Sendezeiten.

Die Berichterstattung über die Ukrainekrise war und ist sehr einseitig. Es gibt Gewalt von beiden Seiten, von den prorussischen Rebellen, die von Moskau unterstützt werden, aber auch Verbrechen von Ukrainern gegen die dort lebenden Russen.
An der Politik der Amerikaner wird nach wie vor zu wenig Kritik geübt. Man freut sich, dass Präsident Obama die Flüchtlingspolitik der Kanzlerin in höchsten Tönen lobt,[249] aber dass auch die USA die Fluchtbewegungen ausgelöst hat und selbst nur einen geringen Teil in ihrem Land aufnimmt, gehört viel mehr publiziert.

Ein Bericht der Süddeutschen Zeitung über einen minderjährigen Afghanen, der in Berlin auf der Straße lebt und dort *„sexuelle Dienstleistungen"* anbietet, machte mich sprachlos. Er hat seine Unterkunft freiwillig verlassen, weil ihm die Bearbeitung seines Asylantrages zu lange dauert und er somit nicht schnell genug Geld verdienen kann. Er lebt in einem Park in Berlin und verdient sich sein Geld, indem er *„Männer befriedigt".* Man musste folgende Zeilen lesen: *„Kazem hat Hunger. In der Unterkunft hat er Essen bekommen, aber das Essen, sagt er, würde er nicht mal Tieren zum Fressen geben."*
„Sein Traum? Dass er seine Eltern nachholen kann, denn das dürfen minderjährige Jugendliche. Woher er das weiß? Vom Schlepper."
„So hat sich Kazem das Leben in Deutschland nicht vorgestellt, dass er in einem Park schläft, Geld mit Sex verdient, dass er Hunger hat, wie auf der Flucht, dass er sich alleine fühlt, wie auf der Flucht." [250]
Der Bericht ist eine Ohrfeige für alle Menschen, die sich bemühen, den Flüchtlingen ein menschenwürdiges Leben in Deutschland zu bieten und für diejenigen, die das mit ihren Steuern und Sozialabga-

ben finanzieren. Sie sind schuld daran, dass der arme Kerl anschaffen muss, weil die Bearbeitung seines Antrages zu lange dauert und er nicht schnell genug auf legale Weise zum erhofften Geld kommt. Gerade minderjährige Flüchtlinge werden in Deutschland sehr gut betreut, so gut, dass sich viele sogar als minderjährig ausgeben, um die bessere Behandlung in Anspruch nehmen zu können.

So bringt die Bildzeitung einen Bericht mit der Überschrift *„Flüchtling aus Pakistan - Muhammad (18) ist happy als Koch-Azubi"*. Der abgebildete *„junge"* Mann ist mindestens 30 Jahre alt, hat schon graue Haare und tiefe Augenringe.[251] Dann wollen wir mal hoffen, dass sich Muhammad in 30 Jahren, wenn ihm die Rente winken könnte, nicht doch noch an sein wirkliches Alter erinnert. Der Attentäter aus Würzburg sah auf dem Foto auch nicht aus, als ob er noch minderjährig gewesen wäre.
Solche Berichte lassen viele Bürger zweifeln und die Presse verliert damit ihre Glaubwürdigkeit.

Aufgabe der Journalisten ist es, sämtliche Diskussionen – ob es nun um die Flüchtlingspolitik, soziale Fragen im Land oder die Außenpolitik geht - sachlich, offen und ehrlich zu moderieren und nicht Partei für die politische Elite zu ergreifen. Nur dann werden sie ihre Glaubwürdigkeit und Akzeptanz bei den Menschen zurückgewinnen, die sie derzeit hart kritisieren.

Nach den Wahlerfolgen der AfD in einigen deutschen Bundesländern, zuletzt in Mecklenburg-Vorpommern sind die deutschen Medien zur Hochform aufgefahren. Der Spiegel vermeldet online in der Videoanalyse von Roland Nelles, Politikredakteur: *„Letztlich überrascht mich das Ergebnis überhaupt nicht. Ich glaube, dass wir einfach in Deutschland einen gewissen Prozentsatz an Fremdenfeinden haben, an Rassisten. Das muss man einmal ganz klar so sagen, die eben bei der AfD jetzt ihre Heimat gefunden haben. In der Flüchtlingskrise kommen diese Leute raus, zeigen ihr Gesicht als Wähler, machen da ihr Kreuz. Es wird immer gesagt, man müsste die Sorgen und Nöte und Ängste der Wähler ernst nehmen. Das kann vielleicht sein. Ich glaube aber, das ist zu einfach. Ich glaube, man muss auch mal klar benennen, dass die Wähler der AfD tatsächlich Rassisten sind und dass Frauke Petry hier eine Poli-*

tik betreibt, die den Leuten suggeriert, Deutschland den Deutschen, andere sind nicht würdig, bei uns zu leben. Wir sind das überlegene Volk und das ist zuletzt eine zutiefst fremdenfeindliche, rassistische Politik."(252)

Man versichert, dass die im Osten, vor allem in Mecklenburg-Vorpommern, schon immer anders getickt haben und stellt ein ganzes Bundesland an den Pranger, obwohl 80 Prozent die etablierten Parteien gewählt haben.
Man suggeriert, dass die Tourismusbranche aufgrund des Wahlergebnisses in Gefahr wäre.(253) Fährt denn jemand nicht mehr nach Frankreich, weil es dort den Front National mit Marine Le Pen gibt. Die Leute zögern höchstens wegen der erhöhten Terrorgefahr. Österreich vermeldet trotz FPÖ steigende Übernachtungszahlen.(254)

Die Flüchtlingskrise beherrscht die Berichterstattung in Deutschland. Seit vielen Monaten gibt es kein anderes Thema mehr. Die Menschen haben somit das Gefühl, es drehe sich alles nur noch um Flüchtlinge und andere wichtige innenpolitische Probleme werden in den Hintergrund gedrängt. Bei den Worten *„Flüchtlinge"* und *„wir schaffen das"* zucke ich unwillkürlich zusammen.

In Deutschland geht ein tiefer Riss durch die Gesellschaft. Glauben aber die deutschen Medien wirklich, dass sie mit der Art und Weise, wie sie ihre Berichte und Kommentare veröffentlichen, diesen wieder kitten können? Kollektiv schlagen Politiker und Medien auf die Kritiker ihrer Arbeit und die der Bundesregierung ein. Eine Demokratie muss aber auch Kritik aushalten können, ob gerechtfertigt oder ungerechtfertigt. Bei gerechtfertigter Kritik muss man Lösungen anbieten, bei ungerechtfertigter Kritik bedarf es guter Argumente, die Menschen vom richtigen Weg zu überzeugen. Wenn sie allerdings in belehrender und oft selbstherrlicher Art und Weise über andere urteilen und sich über sie erheben, werden sie eher das Gegenteil bewirken.
Die ostdeutschen Bundesländer werden nach den jüngsten Vorfällen in Bautzen und zu den Feierlichkeiten am Tag der Deutschen Einheit in Dresden mit massiver Kritik überzogen. Kollektiv werden sie ver-

urteilt für die geistigen Ausfälle einer Minderheit. Wo bleiben hier die Ansagen unserer Politiker in Sachen *„Generalverdacht".*
PEGIDA und Co. bringen seit einiger Zeit regelmäßig tausende Menschen auf die Straße. Und die sind gewiss nicht alles Nazis.
Warum ist das so? Mehr als 25 Jahre nach der deutschen Einheit werden die Ostdeutschen noch immer von den Wessis von oben herab betrachtet. Sie fühlen sich nach wie vor als Deutsche nicht voll akzeptiert. Sie sind in vielen Bereichen auf der Strecke geblieben, sie verdienen noch immer weniger als ihre westdeutschen Kollegen, die Rente wurde noch immer nicht angepasst. Wichtige Positionen bei Behörden und Parteien wurden von Westdeutschen besetzt. Viele Bewohner der neuen Bundesländer sind enttäuscht, ihre Erwartungen wurden nicht erfüllt. Lücken in der Erwerbstätigkeit, unsichere Arbeitsplätze und viele weitere Sorgen begleiten sie seit mehreren Jahrzehnten.[255] Das könnten deutsche Medien mal aufgreifen und verstärkt darüber berichten, statt die neuen Bundesländer kollektiv an den Pranger zu stellen. Hier gäbe es auch noch viel Handlungsbedarf für unsere grüne Antidiskriminierungspartei.

Hysterie und Vorwürfe bringen Deutschland nicht weiter. Besonnenheit und Ruhe, sachliche Diskussion und ehrliche Berichterstattung sind gefragt. Wir befinden uns in Deutschland in einer sehr schwierigen Phase, ein ganzes Land ist in Aufruhr. Um Schlimmeres zu verhindern, sollten die Medien nicht zusätzlich die Lage verschärfen.

Aber es geht uns doch gut!

Politiker sämtlicher Parteien betonen bei jeder Gelegenheit, dass es Deutschland wirtschaftlich so gut ginge wie noch nie. Warum sind viele Menschen in unserem Land dennoch unzufrieden. Wer profitiert von den Erfolgen unserer Wirtschaft? Die einfachen Bürger nicht! Aber gerade sie sind der eigentliche Reichtum unseres Landes.

Ich denke hier an die Verkäuferin beim Metzger, die so nett sagt: *„Darf's ein bisschen mehr sein?"*
Ich denke an den Postboten, der in den dritten Stock steigt, um dem alten Mütterchen ihre Briefe persönlich zu bringen.
Ich denke an den Bauern, der tagtäglich ab 05:00 Uhr morgens sein Vieh versorgt.
Ich denke an die Arbeiter bei Airbus in Hamburg und bei BMW in München, die wie fleißige Bienen durch die Produktionsstraßen flitzen.
Ich denke an die Müllmänner, die pünktlich auf die Minute jeden Montag meinen Abfall abholen.
Ich denke an den Polizisten, der mir ein Bußgeld verpasst hat und der ganz sprachlos war, dass ich meine Strafe ohne jegliche Diskussionen akzeptiert habe.
Ich denke an meinen türkischen Gemüsehändler, der mir beim Einkauf mit einem Lächeln im Gesicht immer noch einen Apfel in die Tüte legt.
Ich denke an die fürsorgliche Krankenschwester, die mir bei meinem letzten Krankenhausaufenthalt Mut zugesprochen hat.
Ich denke an meinen Klassenlehrer, der mir unermüdlich ins Gewissen geredet hat aus meinen Talenten etwas zu machen.

Diese Liste ließe sich beliebig fortsetzen. Der wirkliche Reichtum dieses Landes sind die Menschen, die hier leben und die tagein und tagaus äußerst fleißig, gewissenhaft und zuverlässig ihre Arbeit erledigen. Ich denke hier nicht an die Bürger, die sich aus der sozialen Verantwortung geschlichen haben.

Unsere Politiker messen den Reichtum unseres Landes lediglich an den Steuereinnahmen und schlussfolgern daraus, dass wir keinen Grund zum Jammern hätten.
Das stimmt aber nur zum Teil. Für die einfachen Bürger sind keine positiven Veränderungen ersichtlich, eher das Gegenteil ist der Fall.
Nehmen wir ein einfaches Beispiel: Gehen wir 40 bis 50 Jahre zurück. Ein einfacher Arbeiter - sagen wir einmal ein Setzer in einer Druckerei - war durchaus in der Lage mit Fleiß und Sparsamkeit sich und seine Familie gut zu versorgen. Er kaufte ein angemessenes Grundstück, baute ein kleines Häuschen - vieles davon in Eigenregie. Seine Frau blieb zu Hause und kümmerte sich liebevoll um die beiden Kinder, das Haus und den Garten.
Nun schauen wir einmal in die heutige Zeit. Abgesehen davon, dass auch die Druckereibranche einem enormen Konkurrenzkampf unterliegt und immer mehr Arbeitsplätze verloren gehen,[256] kann das heute kein einfacher Arbeiter mehr aus eigener Kraft schaffen. Schon die Anschaffung des Baugrundstückes würde seinen finanziellen Rahmen sprengen. Aufgrund von unzähligen Bauvorschriften kann er etliche Arbeiten nicht in Eigenregie leisten, höchstens noch Teile des Innenausbaus. Die Kosten des Bauens stehen heute in keinem vernünftigen Verhältnis mehr zum Wert der Arbeit. Dass seine Frau zu Hause bleibt, ist heute unvorstellbar. Beide müssten voll arbeiten, um ihre Schulden bei der Bank trotz Niedrigzinsen halbwegs bedienen zu können. Wahrscheinlich würden sie sowieso keinen Kredit bekommen, wenn sie nicht einen gewissen Grundstock an Eigenkapital vorweisen können.
Die Katastrophe ist vorprogrammiert, wenn einer der beiden seine Arbeit verliert oder ernsthaft krank wird. Desto größer die Kinderzahl, desto schwieriger wird es. Aus eigener Kraft hat der Durchschnittsverdiener in Deutschland keine Chance, sein kleines Reich, sein kleines Stück Heimat zu errichten.

Den meisten Deutschen geht es schon lange nicht mehr so gut, wie es uns zu Zeiten des Wirtschaftswunders einmal ging. Das steht in gravierendem Gegensatz zu der Tatsache, dass Deutschland Rang vier unter den führenden Wirtschaftsnationen belegt.
Es schaut zum Teil nur so gut aus, weil wir auf Kosten der vorangegangenen Generationen leben. Erst wenn Opa und Oma, Mama und

Papa zum Eigenheim was zuschießen oder wenn wir es mal erben, können wir uns diesen Luxus noch leisten. Ich rede hier bewusst nicht von den Reichen, ich rede vom deutschen Durchschnittsverdiener.
Von dieser Tatsache sind höchstens die Beamten in Deutschland ausgeschlossen, denn ihre Gehälter und Pensionen sind *„noch"* gesichert. Sie sind somit entsprechend kreditwürdig.

Ich denke oft an meine Großeltern, bei denen ich die Sommerferien verbracht habe. Meinen Opa kenne ich nur mit Latzhose und Schiffermütze. Den ganzen Tag schlich er durch den großen Schrebergarten. Im Sommer half ich der Oma beim Einwecken und putzte mit ihr gemeinsam das Obst der vielen Äpfel-, Kirsch- und Birnenbäume. Es wurde alles aus dem Garten verwertet. Die Möhren, die nur kurz in der Regentonne abgespült wurden, krumm und runzelig aussahen, schmeckten viele Male besser als diejenigen, die ich heute in den Supermarktregalen finde. Es wäre unvorstellbar gewesen, dass auch nur ein Stück Lebensmittel im Müll gelandet wäre. Sie hatten noch andere Zeiten erlebt und waren unglaublich sparsam.
Ich vergesse nie die strahlenden Augen meiner Großmutter als ihr der Opa in der Stadt ein neues Sommerkleid kaufte, welches sie dann am Sonntag stolz in der Kirche getragen hat. Übrigens nur zum Kirchenbesuch trug der Opa keine Latzhose, sondern den guten Anzug und danach ging er zum Wirt auf zwei Halbe, während die Oma den Braten in den Ofen schob. Denn Sonntag war der einzige Tag in der Woche, an dem es wirklich ein Festessen mit üppig Fleisch gab.
Und glauben Sie ja nicht, dass bei den Großeltern den ganzen Tag der Fernseher lief. Pünktlich um 20:00 Uhr zu den Nachrichten wurde er eingeschaltet und auf die Minute exakt um 22:15 Uhr ausgeschaltet, egal ob am Samstag *„Wetten dass"* oder der *„Musikantenstadl"* schon geendet hatten oder nicht. Nur eine Ausnahme gab es. Opa schaute jeden Sonntagmittag die *„Presseschau"* und diskutierte unentwegt mit, obwohl ihn keiner der anwesenden Journalisten im Fernsehen hören konnte. Und während dem Fernsehprogramm stopfte Oma die Latzhose vom Opa oder strickte ihm neue Socken.

Sorry, ich schwelge gerade in Erinnerungen, kommen wir zurück zur heutigen Zeit. Schauen wir uns zum Beispiel die deutsche Landwirtschaft an: Warum kostet die Milch bei mir im Supermarkt um die Ecke, die 1 000 Kilometer entfernt produziert und zu mir gefahren wurde, die Hälfte, wie die Milch vom Bauern in der Nachbarschaft? Warum liegen fruchtbare Ackerböden in Deutschland brach und die Bauern erhalten dafür Geld aus Brüssel?[257] Warum ist es lukrativer Mais und Raps zur Energiegewinnung zu produzieren, als Lebensmittel für die Bevölkerung?[258] Wie viele Bauern gehen hauptberuflich arbeiten und betreiben die Landwirtschaft im Nebenerwerb, weil sie von Milchwirtschaft, Viehzucht und Ackerbau nicht mehr leben können? Von den alten Großbauern, die stolz am Sonntag ihren Daimler vor der Kirche geparkt haben, gibt es nur noch wenige. Bauern in Deutschland wissen inzwischen über die Subventionsverordnungen aus Brüssel genauso gut Bescheid, wie über die Milchproduktion ihrer besten Kühe.

Schauen wir uns weiter um in Deutschland: Egal durch welche Großstadt man in Deutschland flaniert, die meisten bieten dasselbe Bild. Abgesehen von den verschiedenen Sehenswürdigkeiten reihen sich hier immer die gleichen Geschäfte aneinander, egal welches große Einkaufszentrum man besucht, überall der gleiche Anblick. Langweilig ist das, mir macht ein Einkaufsbummel schon längst keinen Spaß mehr. Es ist egal, ob ich durch die City in Hamburg oder München bummle, ich kann in beiden Städten das gleiche Kleid kaufen. Der Reiz, das besondere zu finden, ist schon längst verloren gegangen.
Die kleinen Boutiquen sind verschwunden. Auf Ein-Euro-Läden mit chinesischen Wegwerfartikeln oder Filialen von Bäckerei- oder Fast-Food-Ketten trifft man überall. Die Zentren der großen deutschen Innenstädte sind fest in der Hand der großen Modeketten und Warenhäuser. Ein weiterer erschwerender Faktor für das Aussterben der kleinen Einzelhändler ist der boomende Internethandel.
Wenn man Glück hat, findet man noch vereinzelt ein seit Jahrzehnten in Familienbesitz geführtes Geschäft mit Spezialitäten, das sich aufgrund seines guten Rufes, was Qualität und Service betrifft, durchsetzen konnte. Doch auch sie haben es schwer. Hinzu kommen die Bausünden aus Stahl und Beton der 60er und 70er Jahre, die nur selten aufgrund von Geldmangels bei den Kommunen korrigiert wurden.

Schaut man aber in die Zentren unserer Kleinstädte, so stehen hier viele Geschäfte leer. Große Modeketten haben an diesen Standorten kein Interesse. Trotzdem sind die Mieten meist zu teuer. Außer 3 Apotheken, 3 Optikern, 4 Banken, zwei Juwelieren, einem Buchladen und einer italienischen Eisdiele sowie einiger Filialen von TEDI, KIK, TAKKO und Co. auf 500 Meter Fußgängerzone gibt es nichts Reizvolles zu entdecken. Und in jeder Stadt schaut es wie gesagt auch gleich aus. Am Rande der Innenstädte öffnet ein Piercing-, Nagel- oder Tattoostudio nach dem anderen und schließt nach kurzer Zeit wieder.

Die einfachen Lebensmittelgeschäfte sind aus den Innenstädten meist verschwunden. Das ist für die oft älteren Bewohner der Zentren sehr schwierig, weil sie keinen Nahversorger mehr in der Nähe haben und es für sie sehr beschwerlich ist, den weiten Weg zu Aldi oder Lidl in die Industriegebiete auf sich zu nehmen.

Nur wenige Stunden in der Woche pulsiert in den Innenstädten das Leben, meist am Samstagvormittag, wenn Markttag ist. Dort trifft man seine Nachbarn, hält einen netten Plausch und kauft sich manche Leckerei fürs Wochenende.

Von Seiten der Städteplaner gehört ein Umdenken her. Die Menschen wollen wieder den Metzger, der seine Wurst noch selbst macht, den Gemüseladen, der regionale Produkte anbietet und den Bäcker, der seine Produkte noch selbst herstellt und nicht die vorgebackenen Waren in den Ofen schiebt. Die Menschen wollen den Biergarten, wo man sich die Getränke auch noch leisten kann und gerne einmal einige Stunden sitzen bleibt. Sie wollen die kleine Boutique, wo man Freude hat etwas Neues zu entdecken, den Kunsthandwerker, der mit seinen Kreationen überrascht. Sie wollen auch unterhalten werden. Überzeugende Konzepte gehören auf den Tisch, um das Leben in den Innenstädten wieder attraktiv zu machen und ein Aussterben zu verhindern.

Dazu müssen wir aber auch unser Verhalten ändern. Wo kaufen Sie denn Ihre Lebensmittel ein? Haben Sie sich noch nie die Frage gestellt, warum das Hähnchen im Supermarkt nur 2,50 Euro kostet?
Muss wirklich jeden Tag Fleisch auf dem Tisch stehen? Wie viele Lebensmittel werfen Sie in der Woche weg? Ist es Ihnen wirklich wichtig, dass Sie kurz vor Ladenschluss beim Bäcker noch zwischen

10 Brotsorten auswählen können? Brauchen Sie wirklich im Monat drei neue Kleider, obwohl Sie gar nicht wissen, wo Sie die in Ihren Kleiderschrank noch hinhängen sollen und die so wenig kosten, weil die Menschen in den Entwicklungsländern sie zu menschenunwürdigen Bedingungen produziert haben?

Was ist noch übrig vom Erbe von Oma und Opa? Haben Sie sich Ihren Traumwagen davon gekauft? Können Sie sich wirklich alles leisten, was Sie kaufen. Leben Sie nicht oft über Ihre Verhältnisse? Brauchen Ihre Kinder wirklich jedes Jahr ein neues Handy, obwohl es nur eine Frage der Zeit ist, wann die Heizung im Keller ihren Geist aufgibt?
Der Luxusschlitten Ihres Nachbarn gehört wahrscheinlich der Bank. Und obwohl die Zinsen für das Haus drücken, leisten wir uns trotzdem immer noch zweimal im Jahr den Cluburlaub. Weil wir auf viele Dinge, die wir uns eben nicht leisten können, auch nicht verzichten wollen, bekommen die Deutschen immer weniger Kinder, weil Kinder viel Geld kosten. Wie soll man sein Häuschen abzahlen, für die Rente zurücklegen und auch noch die Ausbildung der Kinder finanzieren? Umso mehr Kinder desto schwieriger wird es. Ich rede hier aber nicht von den Menschen, die sowieso schon an der Armutsgrenze leben. Ich rede vom deutschen Durchschnittsbürger mit einem guten mittleren Einkommen.

Gehen wir einmal weg vom Privatmann und schauen wieder zum Staat. Nicht nur das Erbe Ihrer Vorfahren ist vielleicht längst verbraucht, auch der deutsche Staat hat das Eigentum, das eigentlich dem Volk gehört, großzügig veräußert. Ich denke hier an die vielen Privatisierungen.
Viele Beispiele ließen sich aufzählen: die Lufthansa, die Telekom, die Bahn, die deutsche Post usw.[259]
Und vieles funktioniert seitdem nicht mehr wirklich. Haben Sie schon einmal versucht, Kontakt mit einem Telefonanbieter aufzunehmen, wenn Sie ein Problem haben? Eine Katastrophe ist das. Meistens werden Sie zwar freundlich von der Automatenstimme begrüßt und dann mit folgenden Worten in die Warteschleife gehängt: *„Unsere Mitarbeiter sind zurzeit alle im Gespräch. Bitte haben Sie noch einen Moment Geduld, Sie werden umgehend verbunden."* In der Zwischenzeit können Sie zur eingespielten Musik einen flotten Walzer aufs

Parkett legen. Aber nur wenn Sie Glück haben, denn in der Regel müssen Sie vorher beweisen, wie geschickt Sie mit Ihrem Telefon umgehen können:

„Wenn Sie eine Frage zu unseren Produkten haben, dann wählen Sie die 1. Wenn Sie Fragen zu Ihrem Vertrag haben, dann wählen Sie die 2. Wenn Sie Fragen zu Ihrer Rechnung haben, dann wählen Sie die 3 …"
Wenn Sie die Warteschleife nach ca. einer halben Stunde überstanden haben, sagt Ihnen der freundliche Mitarbeiter am Ende vielleicht noch, dass er Ihnen nicht helfen kann, weil er nicht zuständig ist.
So passiert das in vielen Bereichen. Ich habe einmal versucht, meinem Stromanbieter meine neue Kontonummer mitzuteilen. Weder auf schriftliche, noch auf mündliche Hinweise gab es eine Reaktion. Mir wurde irgendwann mit rechtlichen Schritten gedroht, falls ich nicht endlich für ausreichend Deckung auf meinem alten Konto sorgen würde, dass ich natürlich längst aufgelöst hatte. Ich habe am Ende den Anbieter gewechselt.
Teile des Bahnnetzes in Deutschland wurden vor allem an ausländische Investoren verkauft. In kommunalem Besitz befindliche Wohnungen wurden an private Investoren oft unter Wert veräußert, weil das Geld für dringend notwendige Instandhaltungsarbeiten fehlte. Was ist mit dem ganzen Geld geschehen? Damit wurden in der Regel Haushaltslöcher gestopft. Heute wird beklagt, dass Deutschland zu wenige Sozialwohnungen hat.
Vieles bekommen wir gar nicht mit, weil dass alles hinter verschlossenen Türen stattfindet. Der Verkauf des Flughafens in Frankfurt-Hahn hat es nur in die Hauptnachrichten geschafft, weil die hessische Landesregierung scheinbar einem Betrüger aufgesessen ist.[260]

Wie schauen unsere Straßen aus? Wie viele Brücken sind dringend sanierungsbedürftig? Über wie viele Straßen fahren Sie auf dem Weg zur Arbeit, an denen seit Jahren Schilder mit Geschwindigkeitsbegrenzungen aufgrund von Fahrbahnschäden aufgestellt wurden? Es ist billiger Verkehrsschilder aufzustellen, statt endlich aktiv zu werden und die Straßen zu sanieren. Wie schaut die Wasser- und Abwasserversorgung aus? Marode Leitungen sind vor allem in Großstädten ein Problem.[261] Wie viele Schulen gehören dringend renoviert, Kindergärten, öffentliche Gebäude? Die Sparmaßnahmen des Bundes, der Länder aber vor allem der Kommunen haben zu einem Investitionsstau geführt, der nur schwerlich abgearbeitet werden kann, weil die Kommunen nach wie vor über leere Kassen klagen.(262)

Nicht nur die Polizei, sondern auch die Bundeswehr klagt über schlechte Ausrüstung. Transport- und Jagdflugzeuge funktionieren nicht, Hubschrauber sind nicht einsatzbereit.(263) Beschämend ist diese Situation. Wir riskieren unsere Sicherheit, denn Finanzminister Wolfgang Schäuble will an der *„Schwarzen Null"* festhalten. Selbstverständlich dürfen keine neuen Schulden gemacht werden, aber Prioritäten müssen gesetzt werden.

Bleiben wir beim Staat: Trotz schlechter Finanzlage in Deutschland vor allem in den Städten und Gemeinden wird nach wie vor viel Geld für sinnlose Projekte ausgegeben. Das jährlich vom Bund der deutschen Steuerzahler herausgegebene *„Schwarzbuch"* deckt immer wieder gravierende Fälle von Steuerverschwendung auf.
Hunderte Millionen werden wegen mangelhafter Planung und sinnloser Projekte in den Sand gesetzt. Warum werden die Verantwortlichen dafür nicht endlich persönlich umfassend zur Rechenschaft gezogen? In der freien Wirtschaft müssen Mitarbeiter, die fahrlässig handeln und dem Unternehmen wirtschaftlichen Schaden zufügen, ihre Koffer packen.
Brücken ins Nirgendwo, gebaute und dann wieder rückgebaute Fahrradwege, explodierende Baukosten aufgrund falscher Planung und, und, und. Schauen Sie sich die Internetseite des Bundes der Steuerzahler selbst einmal an!(264)
Gerade hat man darüber diskutiert, ob die Anschaffung von Luxusstiften im Wert von 68.000 Euro für einige Parlamentarier im Deutschen Bundestag gerechtfertigt war.(265)
Die Parteien bedienen sich großzügig an den Steuergeldern. Für ihre eigenen Stiftungen wurde der Zuschuss seit dem Jahr 2005 von 280 Millionen auf inzwischen eine halbe Milliarde Euro erhöht.(266)

In wie vielen deutschen Behörden werden zum Jahresende noch tausende Euro an Steuergeldern für sinnlose Dinge ausgegeben, nur um die bereitgestellten Haushaltsmittel voll auszuschöpfen, weil man sonst befürchtet, dass Gelder gekürzt werden. Warum werden Be-

hörden nicht belohnt, die sparsam mit Haushaltsmitteln umgehen? Sie könnten z. B. bei größeren Anschaffungen oder anstehenden Sanierungsmaßnahmen vorrangig behandelt werden.
Kaum ein Großprojekt in Deutschland kommt mit den ursprünglich geplanten Geldern aus. Die Kosten für den Bau der Elbphilharmonie in Hamburg sind explodiert, [267] schon jetzt steht fest, dass das Projekt *„Stuttgart 21"* wesentlich teurer wird, als geplant.[268] Zum Thema Berliner Flughafen verbietet sich eigentlich jeder Kommentar. So zieht sich das durch Deutschland wie ein roter Faden. Was läuft hier falsch? Große Bauvorhaben müssen europaweit ausgeschrieben werden.[269] Eine Firma bekommt den Zuschlag und vergibt weiter an Subunternehmer und der wieder an Subunternehmer und so weiter. Ein mittelständisches Unternehmen, welches den Neubau seiner Firmengebäude plant oder eine Privatperson, die ein Haus baut, müsste Insolvenz anmelden, wenn sie so wirtschaften würden. Beim Staat geht das, da legt der Steuerzahler halt noch ein paar Milliarden drauf, wenn das Geld nicht reicht! Das darf nicht länger akzeptiert werden!

Wo bleibt der Aufschrei der deutschen Bevölkerung über den teils fahrlässigen Umgang mit Steuergeldern? Für sie ist es scheinbar immer noch wichtiger, wo Prinz William den Urlaub mit seinen Kindern verbringt, ob im Fernsehen der Bauer endlich seine Frau fürs Leben findet oder wie viele Kilo in einer Woche bei Biggest Loser abgespeckt wurden.

Hört man unseren Politikern aufmerksam zu, dann hat man fast den Eindruck, als müssten wir uns dafür entschuldigen, dass es uns heute – sagen wir relativ – gut geht. Es geht bei weitem nicht allen Menschen in Deutschland gut. Die Kluft zwischen arm und reich wird immer größer, wie ich mehrfach aufgezeigt habe.

Justizminister Heiko Maas betonte im deutschen Fernsehen, dass niemandem in unserem Land durch die vielen Zuwanderer etwas genommen würde, weil der Bund so viel erwirtschaftet hätte. Da können wir Deutschen aber froh sein, dass wir *„Herrn und Frau Bund"* haben, die das alles bezahlen. Es mag schon stimmen, dass Leistungen nicht gekürzt wurden, aber ich erinnere alleine an die 300 Millionen aus der Arbeitslosenversicherung für die Sprachkurse für Flüchtlinge,

die nun z. B. bei der Wiedereingliederung von Langzeitarbeitslosen oder bei der Unterstützung für Existenzgründer fehlen.[270] Glaubt Herr Maas eigentlich selbst an die Worte, die er da so überzeugend von sich gibt?
Deutsche Politiker stellen sich gerne hin und tun so, als würden ihnen die Steuermilliarden gehören und sie könnten das Geld großzügig an die deutsche Bevölkerung weitergeben wie Almosen an Bettler. Ihre Aufgabe ist aber lediglich, das Geld der Steuerzahler zu verwalten und für eine gerechte und sinnvolle Verteilung zu sorgen. Sie sollten niemals vergessen, dass auch sie schließlich nicht schlecht von den erwirtschafteten Milliarden leben.

Wir Deutschen übernehmen viel Verantwortung für Not leidende Menschen auf dieser Welt. Auch wenn wir unser Verhalten in einigen Bereichen dringend überdenken sollten, werden wir uns nicht dafür entschuldigen, dass wir uns diesen Wohlstand erarbeitet haben und wir sollten auch endlich konsequent dafür eintreten, dass alle, die diesen Wohlstand durch Verschwendung und kriminelle Handlungen massiv gefährden, zur Verantwortung gezogen werden.

Unser Staatshaushalt sieht im Moment nur so rosig aus, weil die Steuereinnahmen höher ausfallen, als ursprünglich geplant. Glauben Sie ja nicht, dass die Bundesregierung ihr Zahlungsverhalten gegenüber Europa und der Welt nach unten korrigieren würde, wenn die Einnahmen nicht so üppig sprudeln würden, dann würde bei uns im Land gespart werden, entweder durch massive Kostensenkungen, durch Steuererhöhungen bzw. die Aufnahme neuer Kredite.
Die Schulden des Bundes haben sich in den letzten 20 Jahren mehr als verdoppelt. Laut *Bund der Steuerzahler* betragen sie derzeit etwas mehr als 2 Billionen Euro, in Zahlen schaut das so aus: 2 038 200 000 000 Euro.[271] Eine gigantische Summe.
Eigentlich ist es ein Verbrechen, was wir den kommenden Generationen antun. Wir hinterlassen nicht nur kaputte Sozialsysteme, wir hinterlassen Verbindlichkeiten, die auch in Zukunft immer weiter ansteigen werden.

Was können wir tun?

Ich möchte an dieser Stelle noch einmal an die Einführung des Euro erinnern. Was spricht dagegen, dem Volk bei wichtigen Entscheidungen ein Mitspracherecht zu gewähren, wie das zum Beispiel in der Schweiz üblich ist? Warum lässt man das Volk nicht zu TTIP und CETA oder weiteren Themen abstimmen? Politiker erhielten dann direkt vom Volk den Auftrag, die Ergebnisse in ihrem Interesse durchzusetzen.

SPD, Bündnis 90/Grüne und die Linksfraktion hatten bei der Bundestagsdebatte zur Einführung des Euro Volksbefragungen vehement gefordert. Dann muss ich die Frage stellen, warum sie das während ihrer Amtszeit unter Schröder mit Hilfe der Linken dann nicht endlich gesetzlich verankert haben?

Nun mögen Kritiker anführen, dass man beim Brexit sehen konnte, was Volksabstimmungen anrichten, weil Eurogegner mit falschen Karten gespielt hätten. Dieser Einwand mag durchaus berechtigt sein, dann muss man sich allerdings fragen, warum man es ihnen so leicht gemacht hat und warum die Europabefürworter mit ihren Argumenten nicht punkten konnten. War man sich zu sicher?

Volksabstimmungen in Deutschland sind nicht erwünscht, weil unseren Politikern sehr wohl bewusst ist, dass das Volk ihre Politik in vielen Punkten nicht gutheißt und sie längst erkannt haben, dass Politik in der Regel nicht im Interesse des einfachen Bürgers gemacht wird. Das Volk würde vielen politischen Vorschlägen eine glatte Absage erteilen. Unsere Politiker und die in Brüssel sollten sich wirklich einmal ernsthaft Gedanken darüber machen, wie es dazu kommen konnte.

Die Argumentation, dass die Politik, sprich die Eliten, besser wüssten, was der richtige Weg ist und das Volk das gar nicht beurteilen könne, erinnert mich immer mehr an die Zustände in der ehemaligen DDR. Jegliche Kritik an der Politik der Bundesregierung wird in belehrender, hochnäsiger und selbstgefälliger Art und Weise abgeschmettert.

Wenn es das Volk nicht versteht, dann ist es die Aufgabe der gewählten Volksvertreter, die dafür bezahlt werden, die Zusammenhänge sowie die Vor- und Nachteile von politischen Entscheidungen dem

Volk verständlich zu vermitteln. Das geschieht schon lange nicht mehr.

Vor allem eine Volksabstimmung über den Verbleib in der Europäischen Union würde in Deutschland wahrscheinlich ähnlich dramatisch ausgehen, unvorstellbar dass man diesen Schritt in Deutschland wagen würde.

Im Lande herrscht Politikverdrossenheit, viele Menschen haben das Vertrauen in die Regierenden aber auch in die Oppositionsparteien und vor allem zur Politik in Brüssel verloren und das absolut mit Recht, wie viele Beispiele aus diesem Buch belegen.

Von Volksabstimmungen, wie sie in der Schweiz stattfinden, können wir Deutschen nur träumen. Schauen wir uns die von der Schweizer SVP initiierte Abstimmung an, in der gefordert wurde, kriminelle Ausländer auch bei Bagatelldelikten abzuschieben, auch solche, die in der Schweiz geboren sind. Bei schweren Straftaten war das schon möglich, nun sollte auch bei einfachen Vergehen dieses Verfahren zur Anwendung kommen, wenn der Täter vorbestraft ist. Richtern wäre damit die Möglichkeit genommen worden, Einzelfälle zu prüfen und die Abschiebung auszusetzen. Diese Forderung wurde vom Volk abgelehnt und das, obwohl auch die Schweizer unter dem Zustrom von Migranten leiden und viele Kriminelle unterwegs sind.[272]

Den Politikern, die gegen diesen Vorschlag waren, ist es gelungen, mit guten Argumenten und durch Aufbietung aller Kräfte die Eidgenossen davon zu überzeugen, dass dies unter Umständen schwerwiegende Folgen für die Zukunft der Demokratie haben kann. Doch solches Argumentieren erfordert viel Arbeit und einen großen Kraftaufwand, dem wollen unsere Politiker lieber aus dem Weg gehen.

Auch die Volksbefragung zum bedingungslosen Grundeinkommen wurde von den Schweizern mit großer Mehrheit abgelehnt, sie haben die Situation realistisch eingeschätzt und konnten die Tragweite einer solchen Entscheidung sehr gut einordnen. So dumm sind die Völker also gar nicht.[273]

Das Volk in wichtigen Fragen abstimmen zu lassen, das bedeutet für mich echte Demokratie. Doch davon werden wir in Deutschland auch weiter nur träumen können, denn längst können sich SPD, Grüne und Linke an ihre Worte von 1999 nicht mehr erinnern.

Wollen wir doch unserem Bundespräsidenten Recht geben in seiner Behauptung, die er in einem Interview gegenüber der ARD von sich

gegeben hat: „*Die Eliten sind nicht das Problem, die Bevölkerungen sind im Moment das Problem!"* (274)
Diese Arroganz der politischen Eliten ist kaum zu überbieten. Lieber Herr Gauck, die Völker haben langsam verstanden, wie sie belogen und betrogen werden und setzen sich zur Wehr. Es hat lange genug gedauert.
Wer sind denn die Eliten? Die Banken, die Versicherungen, die Großindustriellen, die Waffenindustrie und ihre Handlanger - die deutschen und europäischen Politiker.
Ihr schlauen Eliten habt versagt: Punkt und aus! Ihr bekommt Europa nicht auf die Reihe, den Euro habt ihr uns untergejubelt, die Flüchtlingsmassen habt ihr nicht im Griff, die Rechtspopulisten erfreuen sich großem Zulauf, der Großteil der Menschen in Europa leidet. Eure Arbeit der letzten Jahrzehnte ist in vielen Bereichen ein Desaster und müsstet Ihr Euer Geld in der freien Wirtschaft verdienen, hätte man euch längst vor die Türe gesetzt. Mit den realitätsfremden Äußerungen und Ansichten, die unsere Politiker so manches Mal von sich geben, hätten sie am ersten Arbeitstag spätestens nach der Mittagspause ihre Köfferchen wieder packen müssen.

Nach all dem, was Sie nun gelesen haben, sagen Sie bitte nicht auch, dass wir ja doch nichts ausrichten können. Falsch gedacht. Wir haben uns lange genug für dumm verkaufen lassen und unser politisches Denken eingestellt, in der Hoffnung, dass schon alles gut wird. Wir haben viele politische Kröten geschluckt. Wir lassen uns vom Staat finanziell ausquetschen wie Zitronen und wie wehren wir uns? Gar nicht! Ich denke gerade daran, wie es zu Massenprotesten in Frankreich gekommen ist, weil dort die wöchentliche Arbeitszeit auf 40 Stunden erhöht und der Kündigungsschutz aufgeweicht werden soll. Von unseren französischen Nachbarn können wir was lernen.(275)
Wir haben durchaus verschiedene Möglichkeiten und ich bitte Sie eindringlich, diese auch zu nutzen. Immer nur meckern und in Depressionen zu verfallen, was uns Deutschen ja leider auch sehr liegt, bringt uns nicht weiter. Hier einige Beispiele:

Schreiben Sie Leserbriefe, wenn Sie eine Meinung zu einem Zeitungsartikel haben, ob nun dafür oder dagegen. Und wenn Sie mit der Arbeit der Zeitung nicht einverstanden sind, wer hindert Sie daran, das Abo zu kündigen oder die Zeitung in Zukunft im Regal liegen zu lassen?

Wenden Sie sich an die Fernsehsender, wenn Sie eine Berichterstattung für vollkommen ungerechtfertigt halten. Reichen Sie notfalls Beschwerde beim Fernsehrat oder beim Rundfunkrat ein.

Nerven Sie Ihre zuständigen Bürgermeister und Kreistags-, Städtetags-, Landtags- oder auch Bundestagsabgeordneten. Die haben Bürgersprechstunden, hier können Sie Ihre gerechtfertigten Beschwerden vorbringen. Lassen Sie nicht locker.

Gründen Sie Bürgerinitiativen, gehen sie friedlich auf die Straße!

Beteiligen Sie sich auf keinen Fall im Internet an den vielen Hasskommentaren, das wäre nur Wind auf die Mühlen unseres Justizministers. Wenn Sie Kommentare abgeben, dann sachlich und mit Fakten. Alles andere ist auf das Schärfste zu verurteilen, so lösen wir keine Probleme.

Informieren Sie sich regelmäßig im Internet und hinterfragen Sie die oft einseitige Berichterstattung in Fernsehen und Zeitung. Manchmal hilft ein Blick auf die Seiten der Nachrichtenmagazine unserer europäischen Nachbarn. Glauben Sie aber auch nicht alles, was Sie im Internet finden, fragen Sie persönlich nach, um Gerüchten nicht auf den Leim zu gehen.

Reichen Sie Petitionen im Bundestag ein, denn wie steht in Artikel 17 unseres Grundgesetzes: *„Jedermann hat das Recht, sich einzeln oder in Gemeinschaften mit anderen, schriftlich mit Bitten oder Beschwerden an die zuständigen Stellen und an die Volksvertretung zu wenden."*[276]

Gehen Sie wählen und wenn keine Partei Ihren Vorstellungen entspricht, machen Sie Ihren Wahlzettel deutlich ungültig. Schreiben Sie doch einfach drauf, dass da keine Partei steht, die Ihren Vorstellungen entspricht.

Schreiben Sie den Parteien, wenn Sie Ihre Politik missbilligen. Auch wenn häufig nicht mit einer Antwort zu rechnen ist, ihre Botschaft kommt schon an.

Prangern Sie Ungerechtigkeiten überall an, wo immer sie auf welche treffen. Sammeln Sie Unterschriften, reichen Sie Beschwerden ein. Machen Sie unseren Abgeordneten Dampf, wie man so schön sagt.

Gehen Sie zum Verbraucherschutz, wenn sie ungerecht behandelt werden. Die helfen Ihnen in vielen Bereichen weiter.

Erstatten Sie Anzeigen oder reichen Sie Klagen ein, wenn Sie auf Unrecht stoßen. Auch die verschiedenen deutschen Ämter haben Stellen, wo Sie sich beschweren können. Sie ahnen gar nicht, wie viele Möglichkeiten wir haben, wir nutzen sie nur viel zu selten.

Geben Sie Journalisten Tipps, wenn Sie Ungereimtheiten entdecken. Manche von denen machen wirklich einen guten Job und sind dankbar für solche Hinweise.

Wenden Sie sich an die Gewerkschaften, wenn Sie Ihre Interessen nicht ausreichend vertreten sehen und wenn die Ihnen nicht helfen, dann treten Sie aus.

Sie haben auch die Möglichkeit, Beschwerden bei der EU-Kommission einzureichen, wenn durch Mitgliedsstaaten geltendes EU-Recht nicht eingehalten wird und wenn Sie den Verdacht haben, dass Machtmissbrauch betrieben wird, es gibt ein eigenes Handbuch dafür: *„Meine Rechte – Handbuch für EU-Beschwerden".*[(277)]

Resignieren Sie nicht, wenn Sie in der Regel auf Ihre Briefe und E-Mails keine Antworten bekommen. Auch mir ging es beim Schreiben dieses Buch nicht anders. Politiker und öffentliche Institutionen hielten es kaum für nötig, mir auf meine Anfragen zu antworten oder sie redeten sich heraus und verwiesen darauf, dass sie nicht zuständig wären. Dann gehen Sie eben zur Konkurrenzpartei, vielleicht helfen die Ihnen weiter.

Treten Sie aus Ihrer Partei aus, wenn Sie nicht in großen Teilen mit deren Programmen konform gehen.

Lassen Sie sich nicht entmutigen, wenn man versucht, Sie in die rechte Ecke zu drängen und Sie zu diffamieren. Weisen Sie immer wieder auf die Fakten hin, lassen Sie nicht locker. Sie als Rechtspopulisten zu titulieren ist meistens das letzte Mittel und geschieht erst dann, wenn Ihrem Gegenüber die Argumente ausgehen. Sie wissen selbst am besten, dass Sie kein Nazi sind.

Bleiben Sie immer sachlich und fair! Sie müssen akzeptieren, dass ihr Gegenüber eine andere Meinung hat, aber sie müssen nicht dessen Meinung annehmen, wenn Sie davon nicht überzeugt sind. Diskutieren und die Haltung des anderen zu verstehen, gehört zur Demokratie. Wenn wir alle dieselben Ansichten hätten, wäre es doch furchtbar langweilig.

Die aufgeheizte und angespannte Situation in Deutschland macht mir persönlich große Sorgen. Viele Menschen sind so aufgebracht, dass eine zielgerichtete und konstruktive Diskussion verhindert wird. Lassen Sie uns Ruhe bewahren. Atmen wir tief durch und dann lassen Sie uns anpacken, vernünftig, sachlich - ohne Gewalt und Hass.

Lassen Sie sich von Rückschlägen nicht entmutigen. Resignieren Sie auf keinen Fall und kämpfen sie immer weiter! Es geht schließlich um Ihre Zukunft und die Zukunft unserer Kinder!

Nachwort

Ich habe lange Zeit mit mir gerungen, diese Zeilen aufzuschreiben. Längst haben wir in Deutschland einen Zustand erreicht, der jegliche inhaltliche Diskussion verhindert, weil sie nicht den selbst auferlegten Regeln der *„Politischen Korrektheit"* entspricht.
Auf der einen Seite stehen die Politiker, auf der anderen Seite die Bürger, auch die so genannten Wutbürger. In vielen Bereichen reden sie aneinander vorbei. Es gibt viele Missstände in Deutschland, die endlich deutlich beim Namen genannt werden müssen, um sie konsequent anzugehen.

Vielleicht habe ich mich in einigen Punkten geirrt oder Zusammenhänge falsch gedeutet. Gerne lasse ich mich von der richtigen Sichtweise überzeugen. Wie Sie dem umfangreichen Quellenverzeichnis entnehmen können, entsprechen die vorgebrachten Kritikpunkte aber den Tatsachen.

Mit einigen unserer Politiker, Parteigrößen oder Minister würde ich sehr gerne einmal ein Vier-Augen-Gespräch führen. Ich wüsste nur allzu gerne, wie sie die hier vorgebrachten Argumente widerlegen würden. Ich bin offen für jeden Standpunkt, wenn er vernünftig begründet werden kann. Vielleicht sollte ich mich mal wirklich um einen Termin bemühen!

Ich habe schon oft mit dem Gedanken gespielt aus Deutschland auszuwandern. Doch wo soll ich hin, deutsches Geld ist auf der Welt gern gesehen, wer will uns Menschen aber wirklich haben? Und ehrlich betrachtet, wir haben eine faszinierende Heimat, von der Nordsee und Ostsee angefangen, bis an die Alpen, vom Rhein über die Elbe bis an die Oder bietet dieses Land bezaubernde Regionen, hier leben wundervolle Menschen, fleißig, ehrlich, hilfsbereit und sozial engagiert. Wir haben jeden Grund stolz auf uns zu sein!

Wohin Deutschland steuert, können wir vielleicht noch unmittelbar beeinflussen. Wir befinden uns in einer - wie ich persönlich finde – extrem schwierigen Lage. Es ist längst fünf nach Zwölf. Die Folgen der zum Teil katastrophalen Politik der letzten Jahrzehnte werden wir jetzt ausbaden müssen. Die vielen Versäumnisse der Vergangenheit werden uns viel Geld kosten, viel mehr als wir uns eigentlich leisten können. Wir müssen vollkommen umdenken. So jedenfalls können wir nicht weitermachen.

Wohin Europa steuert, bleibt abzuwarten. Ob es das Europa in dieser Form in einigen Jahren noch gibt, wage ich zu bezweifeln. So wie es zurzeit läuft, werden die Menschen es nicht weitertragen. Es ist kein Europa für die einfachen Menschen, es ist ein Europa der Banken, Versicherungen und Großindustriellen. Hier ist ein Neubeginn dringend erforderlich. Die Chancen dafür stehen gut, man muss sie nur nutzen.

Wohin die Welt steuert, bleibt eine Frage, die ich mit größter Sorge betrachte. Wir müssen hier unverzüglich als eine der führenden Industrienationen unser Verhalten gegenüber den Entwicklungsländern überdenken. Wir müssen aber auch unseren Einfluss in der gesamten Welt geltend machen und zwar mit massivem Druck, um die Ausbeutung zu stoppen und für einen fairen Welthandel einzutreten. Wir müssen einen noch größeren Beitrag leisten, um die unzähligen Konflikte der Welt zu befrieden.

Wir brauchen dringend tiefgreifende Veränderungen sowohl in der Innen- aber auch in der Außenpolitik. Wir sind eine fleißige Nation, wir Deutschen können anpacken, das haben wir immer wieder bewiesen. Falls es uns gelingt, unser Deutschland in der jetzigen Form entgegen den Bestrebungen einiger deutscher und europäischer Politiker in den Grundstrukturen zu bewahren und einen Kurswechsel anzustreben, dann bin ich fest davon überzeugt, dass wir das schaffen werden, um mit Angela Merkels Worten zu enden.

Quellenverzeichnis:

(1) http://www.sueddeutsche.de/politik/merkel-zur-fluechtlingsdebatte-der-gefuehlsausbruch-der-kanzlerin-1.2650051; 17. September 2015
(2) http://spiegel.de/politik/deutschland/bundestagswahl-2013-wahlergebnis-grafik-bundestag-wahlkreis-a-923496.html
(3) "Der Tagesspiegel", 05.04.2016: "2017 kann es eng werden im Parlament"
(4) http://www.bundestag.de/bundestag/abgeordnete18/mdb_zahlen/berufe/260132; (aktualisiert 2016)
(5) http://www.bundestag.de/bundestag/abgeordnete18/mdb_diaetenMenüpunkte: Höhe der Abgeordnetenentschädigung; Amtsausstattung; Mitarbeiter
(6) http://www.bundestag.de/bundestag/abgeordnete18/nebentaetigkeit
(7) http://www.abgeordnetenwatch.de
(8) http://deutsche-wirtschafts-nachrichten.de/2016/03/29/abgeordnete-erhalten-im-juli-automatisch-eine-diaeten-erhoehung/
(9) Grundgesetz für die Bundesrepublik Deutschland; Artikel 56 und 64 (2)
(10) http://www.steuerzahler.de/Die-Finanzierung-der-Parteien/8696c10190i1p525/index.html
(11) https://www.welt.de/wirtschaft/article138941661/Parteispenden-Wer-von-wem-wie-viel-Geld-bekommt.html
(12) http://www.faz.net/aktuell/wirtschaft/eurokrise/bundespraesident-wulff-in-lindau-donnerhall-am-bodensee-11126151.html
(13) http://rtlnext.rtl.de/cms/merkel-im-rtl-sommerinterview-kanzlerschaft-und-cdu-vorsitz-gehoeren-zusammen-4001966.html
(14) http://www.bild.de/geld/wirtschaft/sigmar-gabriel/gabriel-prueft-automatische-steuererhoehung-47317164.bild.html
(15) http://www.merkur.de/politik/wer-waehlt-eigentlich-die-gruenen-meta-1180492.html
(16) http://www.berliner-zeitung.de/mit-einer-geglueckten-selbstdarstellung-machen-sich-die-liberalen-mut-fuer-die-

fortsetzung-des-steuerstreits-mit-der-union-den-soli-streichen--um-arbeitsplaetze-zu-schaffen-16679890
[17] https://www.welt.de/newsticker/news1/article156019444/Hofreiter-fordert-Hartz-IV-Erhoehung-fuer-gesunde-Lebensmittel.html
[18] http://www.spiegel.de/politik/deutschland/bundestag-gruene-wollen-nicht-gegen-bundeswehr-einsatz-stimmen-a-174195.html
[19] http://www.focus.de/politik/deutschland/paedophilie-fuer-den-erfolg-wie-die-gruenen-das-wohl-der-kinder-fuer-die-fuenf-prozent-huerde-opferten_id_4269610.html
[20] http://www.gruene.de/ueber-uns/bericht-zur-paedophilie-debatte-der-1980er-jahre.html
[21] http://www.faz.net/aktuell/wirtschaft/wirtschaftspolitik/bilanz-nach-zehn-jahren-prestigeobjekt-dosenpfand-11959398.html
[22] https://www.gruene-bundestag.de/themen/lesben-schwule.html
[23] http://www.zdf.de/zdf-fernsehrat-mitglieder-entsendende-organisationen-25602986.html
[24] http://www.bunte.de/stars/stars-die-liebe/star-hochzeiten/anne-will-sie-hat-geheiratet-362051.html
[25] https://www.destatis.de/DE/PresseService/Presse/Pressemitteilungen/2016/09/PD16_327_122.html
[26] http://www.jfandc.de/startseite/
[27] Bundesministerium des Innern; Handout vom 11. August 2016 „Geplante Maßnahmen zur Erhöhung der Sicherheit in Deutschland"
[28] http://www.sz-online.de/nachrichten/dresdner-gedenken-khaled-b-3017555.html
[29] http://www.zeit.de/gesellschaft/zeitgeschehen/2015-01/dresden-fleuchtling-asylbewerber-tod-ermittlungen-haftbefehl
[30] http://www.sueddeutsche.de/panorama/trauer-um-getoeteten-asylbewerber-tausende-dresdner-gedenken-khaled-i-1.2309133
[31] http://www1.wdr.de/daserste/hartaberfair/videos/video-offene-gesellschaft-offenes-gesicht--kulturkampf-um-die-burka-102.html
[32] https://www.welt.de/politik/deutschland/article157952647/Die-meisten-Waehler-holte-die-AfD-von-CDU-und-NPD.html
[33] https://www.destatis.de/DE/ZahlenFakten/GesellschaftStaat/Bildung/Forschung/Kultur/Bildungsstand/Tabellen/

Bildungsabschluss.html
(34) http://www.tagesspiegel.de/wirtschaft/schwache-schulabgaenger-in-berlin-bleibt-jeder-dritte-ausbildungsplatz-frei/9987280.html
(35) http://www.sueddeutsche.de/karriere/schlechte-noten-fuers-abi-mangelhaft-setzen-1.909213
(36) http://www.tagesspiegel.de/weltspiegel/gleitzeit-beim-unterrichtsbeginn-warum-eine-schulstunde-an-die-muedigkeit-verschenken/13432728.html
(37) http://www.zeit.de/gesellschaft/familie/2015-05/bertelsmann-studie-kinderarmut
(38) http://www.zeit.de/politik/deutschland/2016-09/steuerentlastungen-kindergeld-wolfgang-schaeuble
(39) http://www.zeit.de/2016/31/gelsenkirchen-zuwanderer-rumaenien-bulgarien-sozialbetrug
(40) http://www.spiegel.de/politik/deutschland/sozialhilfe-fuer-eu-auslaender-seid-umarmt-ihr-rumaenen-kolumne-a-1066611.html
(41) http://www.mdr.de/fakt/fakt-deutschkurse-fuer-fluechtlinge-100.html
(42) http://www.tafel.de/die-tafeln.html
(43) http://www.tagesspiegel.de/weltspiegel/sonntag/wohnungsbau-in-wien-das-mieter-paradies/12989410.html
(44) https://wien1x1.at/site/wp-content/blogs.dir/9/files/2014/06/14_Aufteilung_Einnahmen_Bereiche_0616.jpg
(45) http://www.die-linke-bw.de/fileadmin/lv/2016landtagswahlen/DIE_LINKE_PK_Wohnungsbau_Handout_2016-02-03.pdf
(46) http://www.bild.de/politik/inland/guido-westerwelle/18-zitate-die-bleiben-44987670.bild.html
(47) http://www1.wdr.de/mediathek/video/sendungen/tag-sieben/video-wie-solidarisch-ist-deutschland-100.html
(48) http://www.boeckler.de/pdf/ta_abb_europa_2016_mldb_v0116.pdf
(49) http://www.steuerzahler.de/Von-1-Euro-bleiben-nur-471-Cent/74981c86128i1p1520/index.html
(50) https://www.welt.de/debatte/kommentare/article114091507/Steuererklaerung-auf-dem-Bierdeckel-Warum-nicht.html

(51) http://www.zeit.de/wirtschaft/2014-03/uli-hoeness-urteil-prozess
(52) http://www.faz.net/aktuell/gesellschaft/kriminalitaet/steuerhinterziehung-strafbefehl-gegen-alice-schwarzer-14333457.html
(53) https://www.welt.de/print/die_welt/politik/article13598859/Schaeuble-laesst-Rente-mit-69-durchrechnen.html
(54) http://www.tagesspiegel.de/politik/debatte-um-spaeteren-renteneintritt-iw-fordert-rente-mit-73/13925762.html
(55) http://www.zeit.de/wirtschaft/2016-06/beamtenpension-rentenreform-altersarmut-ruhestand
(56) http://dip21.bundestag.de/dip21/btp/17/17226.pdf
(57) Wirtschafts- und Sozialwissenschaftliches Institut; WSI-Report Nr. 28 1/2016 „Ein Jahr Mindestlohn in Deutschland –Erfahrungen und Perspektiven"
(58) http://www.focus.de/finanzen/altersvorsorge/knapp-eine-million-betroffene-weil-die-rente-nicht-zum-leben-reicht-immer-mehr-rentner-haben-einen-minijob_id_5874654.html
(59) https://www.destatis.de/Europa/DE/Thema/BevoelkerungSoziales/Arbeitsmarkt/GenderPayGap.html
(60) https://www.bundestag.de/dokumente/textarchiv/2012/40879998_kw41_rente_kalenderblatt/209618
(61) Informationsbroschüre der Deutschen Rentenversicherung; „Aussiedler und ihre Rente"; Nr. 504, 9. Auflage (4/2015)
(62) http://www.deutsche-rentenversicherung-regional.de/Raa/Raa.do?f=SVABKISRRECHTSGRULAGENR2
(63) http://www.spiegel.de/spiegel/vorab/a-42330.html
(64) www.rentenvotum.de
(65) E-Mail des GKV-Spitzenverbandes vom August 2016 zu einer Anfrage über die Beiträge und die erwartete Steigerung der Beiträge für die Arbeitnehmer
(66) http://dip21.bundestag.de/dip21/btp/08/08228.pdf; Stenografisches Protokoll; 228. Sitzung, 2. Juli 1980
(67) http://deutsche-wirtschafts-nachrichten.de/2015/10/10/abschottung-mit-grenzzaun-in-spanien-gibt-es-keine-fluechtlings-krise/
(68) http://derstandard.at/2000042581259/Rekordzahl-an-Fluechtlingen-in-Mailand-Notstand-in-Como

(69) http://www.dnn.de/Dresden/Lokales/VG-Dresden-Irakische-Grossfamilie-darf-nach-Tschechien-abgeschoben-werden
(70) http://www.ardmediathek.de/tv/Hart-aber-fair/Fluchtpunkt-Deutschland-hat-Merkel-ihr/Das-Erste/Video?bcastId=561146&documentId=37544320
(71) http://www.n-tv.de/politik/Wie-Deutschland-neue-Grenzen-in-Afrika-baut-article15846746.html
(72) http://www.rundschau-online.de/region/vorfall-zwischen-troisdorf-und-wahn-fluechtlinge-zogen-notbremse-im-ice-23261684
(73) http://www.merkur.de/politik/hunderte-fluechtlinge-verlassen-notunterkuenfte-zr-5680947.html
(74) http://www.focus.de/politik/videos/tumulte-in-calais-im-video-hunderte-fluechtlinge-stuermen-eurotunnel-reissen-tuere-von-lkw-auf_id_4989405.html
(75) http://www.bmz.de/de/laender_regionen/index.html
(76) https://www.welt.de/wirtschaft/article148098162/Haelfte-der-syrischen-Fluechtlinge-schlecht-ausgebildet.html
(77) http://www.hoteliertv.net/sylt-special/
(78) http://www.3sat.de/page/?source=/scobel/164485/index.html
(79) http://www.zeit.de/politik/ausland/2014-06/usa-wollen-syrische-opposition-mit-geld-und-training-unterstuetzen
(80) http://daserste.ndr.de/annewill/archiv/Merkel-im-Umfragetief-Kriegt-sie-noch-die-Kurve,erste11226.html
(81) https://de.wikipedia.org/wiki/Erd%C3%B6l/Tabellen_und_Grafiken#Nach_L.C3.A4ndern
(82) http://www.bpb.de/apuz/30897/deutschland-am-hindukusch?p=all
(83) http://deutsche-wirtschafts-nachrichten.de/2016/04/19/hoffen-auf-putin-israel-will-golan-hoehen-behalten/
(84) http://www.dw.com/de/israel-erlaubt-%C3%B6lf%C3%B6rderung/a-16619876
(85) http://www.spiegel.de/politik/ausland/gaza-konflikt-neue-spannungen-zwischen-uno-und-israel-a-983997.html
(86) https://www.tagesschau.de/ausland/israel-siedlungspolitik100.html
(87) http://www.spiegel.de/politik/deutschland/lieferung-deutscher-u-boote-an-israel-provoziert-kritik-a-836715.html
(88) http://www.zeit.de/online/2009/15/atomwaffen-staaten

(89) http://www.handelsblatt.com/politik/international/liveblog-krim-krise-96-6-prozent-stimmen-fuer-beitritt-der-krim-zu-russland/9624780-4.html
(90) http://www.zeit.de/politik/ausland/2016-01/saudi-arabien-deutschland-ruestung-menschenrechte
(91) http://www.taz.de/!5269453/
(92) http://www.handelsblatt.com/politik/deutschland/erdogan-anhaenger-protestieren-in-koeln-allahu-akbar-statt-wir-sind-deutschland/13952372.html
(93) https://www.welt.de/politik/deutschland/article146919471/Islamisten-bedrohen-Christen-in-Fluechtlingsheimen.html
(94) http://www.sueddeutsche.de/politik/bamf-mehr-fluechtlinge-verklagen-das-bamf-wegen-untaetigkeit-1.3029220
(95) https://www.ovb-online.de/rosenheim/chiemgau/schockiert-frustriert-protesten-5031975.html
(96) http://www.pnp.de/nachrichten/politik/2116160_PNP-exklusiv-Berlin-verschleiert-Fluechtlingszahlen-CSU-will-Klarheit.html
(97) http://www.sueddeutsche.de/wirtschaft/bundesfinanzministerium-schaeuble-fluechtlinge-kosten-deutschland-rund-milliarden-euro-1.2724277
(98) Ausgabe des „Stern" vom 07.04.2016; Seite 106
(99) http://www.spiegel.de/politik/deutschland/gruener-parteitag-delegierte-bekennen-sich-zu-notwendigkeit-von-abschiebungen-a-1063923.html
(100) https://www.welt.de/politik/deutschland/article157421848/Tuerkei-droht-mit-Ende-des-Fluechtlingspakts-EU-kontert.html
(101) https://www.proasyl.de/news/italien-am-limit-fluechtlinge-werden-inhaftiert-oder-landen-auf-der-strasse/
(102) http://www.oe24.at/welt/200-000-warten-auf-die-Ueberfahrt/249667028
(103) http://www.t-online.de/nachrichten/id_78558454/kleiner-waffenschein-immer-mehr-deutsche-bewaffnen-sich.html
(104) http://www.n-tv.de/politik/Kontrolle-stoppt-Kriminelle-und-Fluechtlinge-article15243936.html
(105) http://www.tagesspiegel.de/politik/-neues-konzept-zur-zivilen-verteidigung-vorraete-fuer-den-notfall/14440666.html

(106) http://www.tz.de/muenchen/schuesse-muenchen-panik-hofbraeuhaus-zr-6602770.html
(107) http://www.br.de/nachrichten/axt-attacke-wuerzburg-identitaet-100.html
(108) http://www.spiegel.de/panorama/gesellschaft/polizei-am-limit-doku-beamte-ueber-ihren-alltag-im-dienst-a-1088682.html
(109) https://www.welt.de/politik/deutschland/article157473517/Von-der-Leyen-denkt-in-katastrophischen-Dimensionen.html
(110) http://www.mittelbayerische.de/bayern-nachrichten/csu-beschliesst-2000-neue-polizisten-21705-art1409627.html
(111) http://www.shz.de/regionales/schleswig-holstein/politik/stellenabbau-sorge-um-kleine-polizeistationen-in-sh-id8222686.html
(112) http://www.zeit.de/politik/deutschland/2014-05/buergerwehr-in-deutschland
(113) http://www.polizei-beratung.de/fileadmin/upload/Polizei-Beratung/Germany/Medienportal/Medien/Faltblaetter/FB_Ungebetene-Gaeste_2015-07.pdf
(114) Bundesinnenministerium des Innern; Polizeiliche Kriminalstatistik 2015, Seite 36
(115) https://www.welt.de/politik/deutschland/article153930608/Mehr-als-500-Millionen-Euro-Schaden-durch-Einbrueche.html
(116) http://www1.wdr.de/nachrichten/gloeckchen-taschendiebstahl-dortmund-aktionswoche-polizei-100.html
(117) https://www.welt.de/politik/deutschland/article156859538/Die-Angst-vor-dem-Generalverdacht-typisch-arabisch.html
(118) http://www.rbb-online.de/politik/beitrag/2015/11/milliardenprojekt-digitaler-polizeifunk-berlin.html
(119) http://www.rbb-online.de/kontraste/archiv/kontraste-11-02-2016/leichtes-spiel-fuer-kriminelle-in-der-hauptstadt.html
(120) https://www.welt.de/politik/deutschland/article144442101/Polizei-in-NRW-warnt-vor-rechtsfreien-Raeumen.html
(121) https://www.verfassungsschutz.de/de/arbeitsfelder

(122) http://www.focus.de/politik/deutschland/parteien-spd-spitze-beraet-ueber-bessere-integration-von-fluechtlingen_id_5218046.html
(123) http://www.zeit.de/gesellschaft/zeitgeschehen/2016-06/bundeskriminalamt-statistik-straftaten-asylbewerber
(124) Bundesinnenministerium des Innern; Polizeiliche Kriminalstatistik 2015, Seite 3
(125) http://www.bpb.de/politik/innenpolitik/innere-sicherheit/76639/auslaenderkriminalitaet?p=all
(126) http://www.bz-berlin.de/artikel-archiv/wer-regiert-hier-was
(127) http://www.weser-kurier.de/bremen/bremen-stadtreport_artikel,-Katz-und-Maus-mit-Drogendealern-_arid,1086051.html#nfy-reload
(128) http://www.n-tv.de/panorama/Rocker-tragen-politischen-Kampf-aus-article18408631.html
(129) http://www.dw.com/de/waffenlager-balkan-kalaschnikow-300-euro/a-18895804
(130) https://www.welt.de/regionales/hamburg/article150612976/Auch-in-Hamburg-sexuelle-Uebergriffe-an-Silvester.html
(131) http://www.tagesspiegel.de/weltspiegel/georgische-diebesbanden-in-deutschland-sippenhaft-fuer-ein-ganzes-land/13799998.html
(132) http://www.rbb-online.de/kontraste/archiv/kontraste-21-07-2016/die-mafia-der-taschendiebe.html
(133) http://www.berliner-kurier.de/berlin/polizei-und-justiz/entdeckt-das-dorf-der-geklauten-berliner-drahtesel-839032
(134) https://www.berlinjournal.biz/vereine-schleusen-eu-zuwanderer-fuer-sozialbetrug-nach-bremerhaven/
(135) https://www.tagesschau.de/ausland/paris-angriff-polizeistation-109.html
(136) https://www.welt.de/politik/deutschland/article152534336/Diese-17-Staaten-behindern-Abschiebungen-aus-Deutschland.html
(137) https://www.welt.de/politik/deutschland/article145799121/Mit-diesen-Tricks-werden-Abschiebungen-verhindert.html
(138) Bundesinnenministerium des Inneren, Handout „Geplante Maßnahmen zur Erhöhung der Sicherheit in Deutschland", 11. August 2016; Seite 12

(139) http://www.rp-online.de/panorama/deutschland/registrierung-das-raetsel-um-die-143000-verschwundenen-fluechtlinge-aid-1.5797524
(140) https://www.tagesschau.de/inland/juden-sicherheit-101.html
(141) http://www.spiegel.de/politik/deutschland/zentralrat-der-juden-raet-von-der-kippa-in-problemvierteln-ab-a-1020593.html
(142) http://www.swp.de/ulm/nachrichten/politik/Was-Schweden-Tschechien-Griechenland-und-die-USA-vom-Brexit-halten;art1222886,3892318
(143) http://www.bpb.de/internationales/europa/brexit/228806/grossbritanniens-rolle-in-der-welt
(144) http://www.n-tv.de/politik/Kerry-regt-Ruecktritt-vom-Brexit-an-article18071821.html
(145) https://www.welt.de/newsticker/news1/article156562991/Schotten-wollen-trotz-Brexit-Votum-mit-aller-Macht-in-der-EU-bleiben.html
(146) http://www.bpb.de/nachschlagen/zahlen-und-fakten/europa/70580/nettozahler-und-nettoempfaenger
(147) http://www.handelsblatt.com/politik/deutschland/eu-beitritt-merkel-macht-sich-fuer-albanien-stark/12030620.html
(148) http://www.spiegel.de/politik/ausland/ukraine-will-2020-eu-beitritt-beantragen-sagt-petro-poroschenko-a-993697.html
(149) http://www.handelsblatt.com/politik/international/wirtschaftsminister-abromavicius-ukraine-korruptestes-land-europas/11127688.html
(150) http://www.focus.de/politik/deutschland/titel-nein-wir-zahlen-nicht_aid_625028.html
(151) http://www.haushaltssteuerung.de/staatsverschuldung-europa-ranking.html#staatsschulden-je-einwohner
(152) https://www.welt.de/politik/deutschland/article151970371/Absurder-Streit-ueber-den-TTIP-Leseraum.html
(153) http://www.sueddeutsche.de/wirtschaft/freihandel-eu-verhandelt-trotz-kritik-weiter-ueber-ttip-1.3147583
(154) http://ec.europa.eu/trade/policy/in-focus/tisa/index_de.htm
(155) http://www.swr.de/report/ruecksichtsloses-abkommen-wie-die-eu-ihre-wirtschaftlichen-interessen-gegenueber-afrika-durchsetzt/-/id=233454/did=14245872/nid=233454/qzsp1f/
(156) https://www.euractiv.de/section/entwicklungspolitik/

news/fluchtlingskrise-merkel-will-entwicklungshilfe-fur-afrika-aufstocken/
[157] Deutscher Bundestag, Stenographischer Bericht; 230. SItzung; 23.04.1998
[158] http://www.bpb.de/nachschlagen/zahlen-und-fakten/europa/70570/oeffentlicher-schuldenstand
[159] https://www.destatis.de/DE/PresseService/Presse/Pressemitteilungen/2016/02/PD16_040_51.html
[160] http://www.spiegel.de/wirtschaft/soziales/italien-spanien-portugal-europa-schafft-seine-regeln-ab-a-1105181.html
[161] http://www.badische-zeitung.de/wirtschaft-3/italien-in-bedenklicher-schieflage--126808383.html
[162] http://www.sueddeutsche.de/wirtschaft/hauptversammlung-der-deutschen-bank-kleinaktionaere-wuetend-ueber-hohe-boni-1.1972423
[163] http://www.dw.com/de/f%C3%BCnf-l%C3%A4nder-unterm-rettungsschirm/a-16048178
[164] https://www.tagesschau.de/wirtschaft/eugh-ezb-anleihen-101.html
[165] http://www.focus.de/finanzen/banken/beim-eintritt-in-den-euro-goldman-sachs-kaschierte-griechische-schulden-nun-koennte-eine-klage-drohen_id_4810392.html
[166] https://www.welt.de/politik/ausland/article111959153/Wie-die-Griechen-sich-in-den-Euro-schummelten.html
[167] https://www.tagesschau.de/wirtschaft/griechenland640.html
[168] http://www.fr-online.de/wirtschaft/deutsche-und-franzoesische-banken-groesste-glaeubiger-der-schuldenstaaten,1472780,4476790.html
[169] http://www.zeit.de/wirtschaft/2015-07/obama-tsipras-griechenland-krise
[170] https://www.welt.de/politik/ausland/article7624051/Sarkozy-soll-Merkel-Euro-Austritt-angedroht-haben.html
[171] http://www.sueddeutsche.de/geld/hilfe-fuer-griechenland-schaeuble-keine-weiteren-finanzspritzen-1.944782
[172] http://www1.wdr.de/daserste/monitor/sendungen/milliarden-deals-mit-griechenland-100.html

(173) http://www.wiwo.de/politik/ausland/schuldenkrise-wer-kassiert-unser-geld-der-griechenland-rettung-seite-5/5139888-5.html
(174) http://www.tagesspiegel.de/politik/in-welcher-hoehe-haftet-deutschland-neues-griechenland-paket-bringt-weitere-milliardenrisiken/12054402.html
(175) http://www.n-tv.de/wirtschaft/Entscheidet-Draghi-ueber-die-Schuldenkrise-article15358651.html
(176) http://www.zeit.de/politik/ausland/2016-08/griechenland-deutschland-zweiter-weltkrieg-alexis-tsipras-kriegsverbrechen-reparationen
(177) https://www.welt.de/wirtschaft/article152910373/Bundesbank-gegen-Abschaffung-des-500-Euro-Scheins.html
(178) http://www.spiegel.de/spiegel/print/d-15317086.html
(179) http://www.zeit.de/2015/19/joachim-gauck-ende-zweiter-weltkrieg-befreiung-soldaten-russland
(180) http://www.spiegel.de/wissenschaft/mensch/bilder-der-zerstoerung-dresdens-apokalypse-a-340800.html
(181) http://www.br.de/nachrichten/inhalt/kriegsende-bayern-heimatvertriebene-100.html
(182) https://www.3sat.de/page/?source=/ard/sendung/184685/index.html
(183) http://www.deutschlandfunk.de/zweiter-weltkrieg-massenhafte-vergewaltigungen-durch.1310.de.html?dram:article_id=318892
(184) http://www.bpb.de/geschichte/deutsche-geschichte/grundgesetz-und-parlamentarischer-rat/39200/nach-der-katastrophe?p=all
(185) http://www.spiegel.de/einestages/kriegsgefangen-a-950108.html
(186) http://www.bpb.de/izpb/10077/wirtschaftsentwicklung-von-1945-bis-1949?p=all
(187) http://www.ruhrgebiet-regionalkunde.de/aufstieg_und_rueckzug_der_montanindustrie/weltkriege_und_nachkriegszeit/wiederaufbau.php?p=1,7
(188) http://www.bpb.de/gesellschaft/migration/dossier-migration/56359/nach-dem-2-weltkrieg

(189) https://www.welt.de/politik/article1144074/Briten-entfuehrten-deutsche-Forscher-als-Beute.html
(190) http://www.spiegel.de/spiegel/print/d-29194050.html
(191) http://www.1000dokumente.de/pdf/dok_0018_par_de.pdf
(192) http://www.sueddeutsche.de/politik/geheimer-krieg-deutschland-zahlt-millionen-fuer-us-militaer-1.1820318
(193) Grundgesetz für die Bundesrepublik Deutschland; Artikel 120; Absatz 1; geändert durch Bundesgesetz vom 28. Juli 1969 (BGBl I S. 985)
(194) https://www.welt.de/kultur/history/article13689627/Adenauers-vertane-Chance-zur-Wiedervereinigung.html
(195) http://www.tagesspiegel.de/politik/zwangsarbeiter-entschaedigung-klaus-von-muenchhausen-es-geht-nicht-um-die-opfer-es-geht-um-profit-interview/147164.html
(196) http://www.berliner-zeitung.de/angestellte-der-jewish-claims-conference-veruntreuen-42-millionen-dollar---17-verdaechtige-angeklagt-betrug-mit-entschaedigung-fuer-nazi-opfer-15040916
(197) http://www.ardmediathek.de/tv/SWR2-Kulturgespr%C3%A4ch/Deutsche-Kolonialgr%C3%A4uel-in-Namibia-Here/SWR2/Audio-Podcast?bcastId=18599658&documentId=36394050
(198) http://www.auswaertiges-amt.de/DE/Aussenpolitik/Laender/Laenderinfos/Namibia/Bilateral_node.html
(199) http://www.zeit.de/politik/ausland/2016-05/barack-obama-hiroshima-besuch
(200) https://www.welt.de/vermischtes/article139913254/Agent-Orange-Bis-heute-eine-toedliche-Waffe.html
(201) http://www.auswaertiges-amt.de/DE/Aussenpolitik/InternatRecht/Entschaedigung_node.html
(202) http://www.focus.de/politik/deutschland/europawahl-2014/tagegeld-repraesentations-und-residenzpauschale-so-sammelt-martin-schulz-zulagen-fuer-sein-monstergehalt_id_3860811.html
(203) https://www.bundesfinanzministerium.de/Content/DE/Bilderstrecken/Mediathek/Infografiken/infografik-europa-haushalt.html?notFirst=true&docId=63496#photogallery

(204) http://www.faz.net/aktuell/wirtschaft/eu-kommission-geht-wegen-pkw-maut-juristisch-gegen-deutschland-vor-13654200.html
(205) http://www.focus.de/politik/ausland/auf-ueber-63-milliarden-euro-teure-europaeische-elite-pensions-kosten-fuer-eu-beamte-steigen-dramatisch-an_id_5824222.html
(206) http://www.daserste.de/information/politik-weltgeschehen/weltspiegel/sendung/schnappschuss-uno-deutsch-100.html
(207) http://www.zeit.de/politik/deutschland/2015-04/israel-export-uboot
(208) https://www.unric.org/de/aufbau-der-uno/88
(209) http://www.n-tv.de/politik/Deutschland-will-in-UN-Sicherheitsrat-article18058006.html
(210) http://www.auswaertiges-amt.de/DE/Aussenpolitik/Friedenspolitik/VereinteNationen/01_Grundlagen/Hintergrund_UN_Haushalt.html?nn=715386
(211) https://www.welt.de/politik/ausland/article131157709/2050-muss-Afrika-zwei-Milliarden-ernaehren.html
(212) http://www.bpb.de/internationales/afrika/afrika/58874/afrikas-steiniger-weg?p=all
(213) http://www.bmz.de/de/laender_regionen/afrikanische_union/index.html
(214) http://www.bmz.de/de/laender_regionen/subsahara/nigeria/index.html
(215) http://www.wiwo.de/technologie/green/living/ocean-grabbing-wie-verbraucher-in-europa-fischern-in-afrika-schaden/13549320.html
(216) http://www.zeit.de/politik/deutschland/2016-08/mueller-fordert-umdenken-entwicklungspolitik-afrika
(217) http://www.taz.de/!5122533/
(218) Stenographisches Protokoll, Deutscher Bundestag – 15. Wahlperiode – 43. Sitzung, Berlin, 8. Mai 2003
(219) https://www.welt.de/wirtschaft/article121991705/Deutschland-bleibt-als-Helferland-nur-Mittelmass.html
(220) Bundesministerium für Wirtschaft und Energie; Rüstungsexportbericht 2015; Bericht der Bundesregierung über ihre Exportpolitik für konventionelle Rüstungsgüter im Jahre 2015; herausgegeben im Juni 2016, BMWi, Abt. Öffentlichkeitsarbeit, Berlin

(221) http://www.zeit.de/politik/ausland/2016-03/ruestungspolitik-deutschland-saudi-arabien-bundesregierung-waffenexporte
(222) http://www.zeit.de/politik/ausland/2015-11/usa-saudi-arabien-waffen-deal
(223) http://www.spiegel.de/politik/ausland/jemen-saudi-arabiens-krieg-gegen-die-huthis-hat-schlimme-folgen-a-1045758.html
(224) http://www.faz.net/aktuell/wirtschaft/wirtschaftspolitik/gabriel-verteidigt-deutsche-ruestungsexporte-14322757.html
(225) https://www.welt.de/finanzen/article149011969/Diese-Firmen-profitieren-an-der-Boerse-vom-Terror.html
(226) http://www.heute.de/sipri-bericht-zu-globalen-militaerausgaben-1.676-milliarden-us-dollar-fuer-die-streitkraefte-42966940.html
(227) https://www.welt.de/geschichte/zweiter-weltkrieg/article140655354/Wie-die-hohen-Verluste-der-Roten-Armee-entstanden.html
(228) https://www.welt.de/politik/article2812583/Ukraine-und-Georgien-duerfen-vorerst-nicht-in-Nato.html
(229) https://www.tagesschau.de/ausland/russland-nato-101.html
(230) http://www.schweizmagazin.ch/nachrichten/ausland/25467-Pentagon-will-weltweit-Militrbasen-ausbauen.html
(231) http://www.ost-ausschuss.de/russische-f-deration
(232) http://www.spiegel.de/wirtschaft/soziales/russland-sanktionen-helfen-us-firmen-europa-verliert-a-1036204.html
(233) http://www.spiegel.de/politik/deutschland/frank-walter-steinmeier-steht-wegen-nato-aeusserungen-in-der-kritik-a-1098485.html
(234) https://www.welt.de/politik/ausland/article146756827/Putin-wuerde-auf-neue-Atomwaffen-in-Deutschland-reagieren.html
(235) https://www.tagesschau.de/multimedia/sendung/ts-15453.html; 11. August 2016; 20:00 Uhr
(236) http://www.spiegel.de/politik/ausland/hillary-clinton-worum-geht-es-in-der-mail-affaere-a-1109010.html
(237) http://www.nzz.ch/meinung/kommentare/dunkler-fleck-in-der-bilanz-als-aussenministerin-der-wahre-skandal-um-hillary-clinton-ld.106034

(238) http://deutsche-wirtschafts-nachrichten.de/2016/07/02/ruestungs-industrie-finanziert-wahlkampf-von-hillary-clinton/
(239) http://www.faz.net/aktuell/wirtschaft/hillary-clinton-und-ihre-spender-deutschland-gehoert-dazu-13535492.html
(240) http://www.faz.net/aktuell/feuilleton/medien/studie-wie-ueber-fluechtlinge-berichtet-wurde-14378135.html
(241) http://www.heute.de/traenengas-an-mazedonischer-grenze-fluechtlinge-stuermen-grenzzaun-bei-idomeni-43044768.html
(242) http://www.sueddeutsche.de/politik/plan-von-arbeitsministerin-nahles-bis-zu-milliarden-fuer-arbeitsintegration-von-fluechtlingen-1.2642684
(243) https://www.tagesschau.de/inland/fluechtlinge-bildung-107.html
(244) http://www.focus.de/politik/videos/viele-fluechtlinge-fluthelfer-in-simbach-majid-meine-hilfe-ist-das-mindeste-was-ich-den-deutschen-zurueckgeben-kann_id_5590764.html
(245) http://www.faz.net/aktuell/feuilleton/bundesverfassungs-gericht-schraenkt-einfluss-von-staat-und-parteien-beim-zdf-ein-12862764.html
(246) http://www.tagesspiegel.de/themen/agenda/vom-zdf-zu-angela-merkel-steffen-seibert-der-etwas-andere-regierungssprecher/12721860.html
(247) http://www.faz.net/aktuell/politik/inland/afd-vize-gauland-beleidigt-jerome-boateng-14257743.html
(248) http://www.handelsblatt.com/politik/deutschland/umfrage-zur-fluechtlingspolitik-82-prozent-fuer-korrektur-von-merkels-kurs/14525772.html
(249) http://www.abendzeitung-muenchen.de/inhalt.un-fluechtlingsgipfel-in-new-york-obama-lobt-merkel-fuer-einsatz-in-fluechtlingskrise.d211fd2a-8149-44b5-b502-aa03981acf00.html
(250) Süddeutsche Zeitung Nr. 168, Freitag, 22. Juli 2016: DIE SEITE DREI „Verloren" Autor: Thorsten Schmitz
(251) http://www.bild.de/regional/bremen/bremen/muhammad-18-ist-happy-als-koch-azubi-47676922.bild.html
(252) http://www.spiegel.de/video/landtagswahl-mecklenburg-vorpommern-videoanalyse-video-1702301.html

(253) http://www.derwesten.de/politik/bleiben-mecklenburg-vorpommern-jetzt-die-touristen-weg-id12166789.html
(254) https://www.austriatourism.com/tourismusforschung/tourismus-in-zahlen/
(255) http://www.faz.net/aktuell/politik/inland/viele-sachsen-fuehlen-sich-als-deutsche-zweiter-klasse-13982723-p4.html
(256) http://www.europadruck.com/blog/druckbranche/
(257) http://www.focus.de/finanzen/news/programm-fuer-klimaschutz-bruesseler-buerokraten-verlangen-landwirte-muessen-aecker-brachliegen-lassen_id_4633489.html
(258) http://www.badische-zeitung.de/suedwest-1/biogas-bund-gegen-weitere-mais-und-rapsfelder--41393985.html
(259) http://www.rp-online.de/wirtschaft/unternehmen/die-grossen-privatisierungen-in-deutschland-bid-1.2204428
(260) http://www.spiegel.de/wirtschaft/soziales/rheinland-pfalz-verkauf-des-flughafens-hahn-an-chinesischen-vor-dem-aus-a-1101641.html
(261) http://www.focus.de/immobilien/milliarden-investitionen-noetig-geknickte-masten-kaputte-rohre-wie-lange-funktioniert-deutsche-leitungsnetz-noch_id_5246992.html
(262) http://www.focus.de/finanzen/news/frisches-geld-muss-her-marode-bruecken-schienen-schulen-hier-spart-sich-deutschland-um-seine-zukunft_id_4607170.html
(263) http://www.faz.net/aktuell/wirtschaft/waffensysteme-der-bundeswehr-bedingt-einsatzbereit-13950120.html
(264) http://www.steuerzahler.de/files/15735/Schwarzbuch_2015.pdf
(265) http://www.spiegel.de/politik/deutschland/bundestag-abgeordnete-kauften-luxus-fueller-fuer-68-000-euro-a-662532.html
(266) http://www.wiwo.de/politik/deutschland/bvg-entscheid-parteinahe-stiftungen-bekommen-weiter-geld/12145014.html
(267) http://www.faz.net/aktuell/feuilleton/millionengrab-elbphilharmonie-der-grosse-eisberg-ueber-der-stadt-13427408.html
(268) http://www.zeit.de/wirtschaft/2016-07/stuttgart-21-bundesrechnungshof-kosten-bis-zu-zehn-milliarden-euro
(269) https://www.gemeindetag-bw.de/system/files/downloads_buch/bwgz_2014_11_artikel20.pdf

(270) http://www.zdf.de/maybrit-illner/heiko-maas-vs-alexander-gauland-zum-thema-hass-auf-die-politik-gefahr-fuer-die-demokratie-am-16-oktober-2016-45514616.html
(271) http://www.steuerzahler.de/Home/1692b637/index.html
(272) https://www.tagesschau.de/ausland/schweiz-abschiebung-105.html
(273) https://www.tagesschau.de/ausland/schweiz-volksabstimung-103.html
(274) http://www.bundespraesident.de/SharedDocs/Reden/DE/Joachim-Gauck/Interviews/2016/160619-Bericht-aus-Berlin-Interview.html
(275) http://www.tagesspiegel.de/politik/frankreich-massenproteste-gegen-arbeitsmarktreform/13607678.html
(276) Grundgesetz für die Bundesrepublik Deutschland; Artikel 17, Petitionsrecht
(277) http://www.eu-koordination.de/PDF/2010-1-meine-rechte_web.pdf